KOGNITIVE VERHALTENSTHERAPIE LEICHT GEMACHT

Überwinde Ängste, Schlaflosigkeit und Depressionen, durchbreche negative Gedankenmuster und trainiere dein Gehirn neu – mit der effektivsten Psychotherapie

SELBSTHILFE: DER ENDGÜLTIGE LEITFADEN DER MENSCHLICHEN PSYCHOLOGIE

Von

Daniel Wallaces

Inhaltsverzeichnis

Einleitung

Willkommen zu *Kognitive Verhaltenstherapie leicht gemacht*

– Ratgeber und Arbeitsbuch!

Die Welt von heute ist, nun ja, *HEKTISCH*. Von unserem schnellebigen Alltag bis hin zur Negativität, mit der wir ständig auf unseren Fernsehbildschirmen konfrontiert sind, wirkt es ständig so, als hätte die ganze Welt es auf uns abgesehen und als dürften wir nie eine wohlverdiente Pause einlegen.

Wie du dir sicher vorstellen kannst, können Ängste, Depressionen und Negativität leicht Wurzeln schlagen und anfangen, in uns zu wuchern, bis wir irgendwann nur noch eine Hülle von dem Menschen sind, der uns eigentlich ausmacht. Das Leben hat eine Art an sich, uns emotional herunterzuziehen –dabei ist es unser Lebenswert, der uns zeigt, wie wir diese negativen Gedanken und Handlungen überwinden können, um das Beste aus dem machen, was wir haben und unser Leben in vollen Zügen zu genießen.

Ich weiß genau, dass du jetzt denkst: „*Pffft. Leichter gesagt, als getan.*“

Aber MOMENT. Schließe dieses Buch noch nicht. Wenn du nach Methoden suchst, um deinen Schutzwall gegen die Dunkelheit des Lebens zu stärken, bist du hier genau richtig, um dich auf einen Kampf gegen all die Negativität gefasst zu machen!

Sicherlich hast du schon öfters gehört, dass sich der Verlauf deines Lebens durch eine positive Einstellung drastisch verändern kann. Aber kommt es einmal hart auf hart, ist es gar nicht so einfach, das Licht am Ende des Tunnels zu sehen und genau zu wissen, was man tun muss, um das Beste aus der schwierigen Situation zu machen.

Jeden Tag werden wir mit Negativität konfrontiert – sei es ein unfreundlicher Kunde, ein gemeiner Chef oder irgendwelche „Wehwehchen" in unseren Beziehungen. Das alltägliche Leben kann sehr anstrengend sein.

Hast du schon einmal von der Abkürzung KVT gehört? Falls nicht: Sie steht für kognitive Verhaltenstherapie. Nun kann ich es dir nicht verübeln, wenn du bei dem Wort „Therapie" erst einmal zusammenzuckst. Glaube mir, das tue ich auch. KVT ist jedoch eine ganz andere Art von Therapie, weil sie darauf abzielt, unseren Verstand so zu trainieren, dass wir lernen, all das, was wir durchleben, mit anderen Augen zu sehen.

KVT ist eine psychotherapeutische Methode, die sich darauf konzentriert, welche Rolle unsere Gedanken bei unseren Gefühlen und Handlungen spielt.

Die Kapitel in diesem Buch zeigen dir:

- Was die kognitive Verhaltenstherapie ist und wie sie funktioniert
- Für wen diese Form der Therapie am besten geeignet ist
- Viele einzigartige Methoden, mit denen du dein Leben langfristig verbessern kannst

Nochmals vielen Dank, dass du mich auf dieser Reise zu einem besseren und positiveren Leben begleiten möchtest! Es blieb nichts unversucht, damit dieses Buch so viele nützliche Infos wie möglich enthält.

Teil 1:

Kognitive Verhaltenstherapie verstehen

Die Grundprinzipien der kognitiven Verhaltenstherapie

Was ist eine kognitive Verhaltenstherapie (KVT)?

Die kognitive Verhaltenstherapie (KVT) beschäftigt sich mit den Zusammenhängen zwischen Gedanken, Gefühlen und Verhalten. Sie ist eine Form der Kurzzeittherapie, da sie direktiv und strukturiert vorgeht, um psychische Störungen zu behandeln.

Bei der kognitiven Verhaltenstherapie geht es darum, den Leidensdruck von Patienten zu verringern, indem man ihnen beibringt, adaptive Kognitionen und Verhaltensweisen zu entwickeln. Dieser Bereich ist bereits sehr gut erforscht und es liegen viele aussagekräftige klinische Belege vor, sodass diese Methode in der Psychotherapie als sehr hilfreich angesehen wird und für die gängigsten psychischen Erkrankungen eine empfehlenswerte Behandlungsoption darstellt.

Die Grundidee der kognitiven Verhaltenstherapie basiert auf der Hypothese, dass die Art und Weise, wie wir Menschen denken und handeln, von unserer Wahrnehmung des Lebens und der erlebten Ereignisse beeinflusst wird. Somit ist es nicht die Situation selbst, die bestimmt, was jemand fühlt, sondern vielmehr, wie diese Situation gedanklich konstruiert wird.

Die Grundprinzipien der kognitiven Verhaltenstherapie

- Basiert auf einem kognitiven Modell, das auf emotionalen Reaktionen beruht

1. Ist kurz und zeitlich befristet
2. Für die beste Therapie sind therapeutische Beziehungen mit einer festen Grundlage notwendig
3. Basiert auf eine Zusammenarbeit zwischen Patienten und Therapeut(en)
4. Basiert auf den Aspekt der stoischen Philosophie
5. Wendet die sokratische Methode an
6. Ist von Natur aus direktiv und strukturiert
7. Basiert auf Bildungsmodellen und Erkenntnissen
8. Die Theorie der KVT beruht auf der induktiven Methode

Die kognitive Verhaltenstherapie ist keine eigenständige therapeutische Technik. Vielmehr ist sie ein Begriff für eine Reihe von Therapien und deren Gemeinsamkeiten. Es gibt verschiedene Ansätze der KVT, wie zum Beispiel:

- Dialektische Verhaltenstherapie
- Kognitive Therapie
- Rationale Lebenstherapie
- Rationale Verhaltenstherapie
- Emotive Verhaltenstherapie

Die Grundlage der KVT basiert auf den kognitiven Anteilen der emotionalen Reaktionen.

Diese Therapie beruht auf der grundlegenden Tatsache, dass nicht nur äußere Faktoren wie Ereignisse oder andere Menschen, sondern hauptsächlich unsere Gedanken die Ursache dafür sind, wie wir fühlen und handeln. Das Gute daran ist, dass wir die Art, wie wir denken, fühlen und handeln, *ändern können*, auch wenn sich eine bestimmte Situation *nicht* ändern wird.

KVT ist eine zeitlich begrenzte Kurztherapie.

Im Gegensatz zu anderen Therapieformen, wie z. B. die Psychoanalyse, die sich über Jahre hinziehen kann, ist die KVT eine der schnellsten Therapieformen, die es heute gibt.

Die KVT ist kürzer, weil sie sehr lehrreich ist und die Hausaufgaben, die den Patienten aufgegeben werden, sehr gut umsetzbar sind. Und da sie zeitlich begrenzt ist, können sich Patienten von Anfang an besser darauf einstellen, dass die Therapie irgendwann zu Ende sein wird. Außerdem bleibt die KVT nicht ergebnisoffen, ist aber dennoch ein Prozess, der nie ein wirkliches Ende findet.

Eine wirksame KVT erfordert eine enge therapeutische Beziehung

Bei den meisten Therapieformen geht man davon aus, dass sie gut sind, weil die Patienten eine positive Beziehung zu ihren Therapeuten aufbauen. Bei der KVT wissen die Therapeuten jedoch, dass eine gute und vertrauensvolle Beziehung nicht im Mittelpunkt der Besserung steht.

Sie glauben, dass sich Patienten verändern, weil sie lernen, mit stressigen und/oder negativen Situationen anders umzugehen. Deshalb liegt der Schwerpunkt von KV-Therapeuten darauf, ihren Patienten Selbstberatungsfähigkeiten zu vermitteln.

In der KVT wird gemeinsam erarbeitet

In der kognitiven Verhaltenstherapie wollen Therapeuten herausfinden, was ihre Patienten von ihrem Leben erwarten, um anschließend die notwendigen Schritte einzuleiten, damit diese Ziele erreicht werden können.

In der KVT besteht die Aufgabe des Therapeuten darin, dem Patienten zuzuhören, um ihm anschließend neues Wissen zu vermitteln und zu ermutigen, das Gelernte in alltäglichen Situationen anzuwenden.

Die stoische Philosophie ist die Grundlage der KVT

Nicht jeder Ansatz der kognitiven Verhaltenstherapie ist auf Stoizismus ausgerichtet. Bei einer KVT lernen Patienten nicht, anderen zu sagen, wie sie sich fühlen sollen. Wer eine Therapie in Anspruch nimmt, möchte sich dennoch nicht länger auf eine bestimmte Art negativ fühlen.

Hier kommt der Stoizismus ins Spiel, denn er vermittelt den Patienten ein ruhigeres Gefühl, wenn sie mit Situationen konfrontiert werden, die nicht wünschenswert und/oder stressig sind. Es spielt keine Rolle, wie wir uns verhalten; negative Situationen wird es immer wieder geben.

Über konfrontierte Probleme kann man sich entweder aufregen oder versuchen, eine bessere Perspektive zu finden, um von vornherein so viele Konflikte wie möglich zu eliminieren. Bei der KVT lernen Menschen, ein persönliches Problem mit Gelassenheit anzugehen. Das trägt nicht nur dazu bei, dass sie sich besser fühlen, sondern sorgt auch dafür, dass man bessere Entscheidung trifft und seine Energie auf klügere Weise einsetzen kann, um das Problem zu lösen.

KVT nutzt die sokratische Methode

KV-Therapeuten müssen ein gutes Verständnis für die Sorgen ihrer Patienten erlangen, weshalb sie häufig nach dem „Warum“ fragen. Sie regen ihre Patienten dazu an, gewisse Dinge selbst zu hinterfragen, um Gedankengänge zu klären.

KVT nutzt einen direkten und strukturierten Ansatz

KV-Therapeuten stellen für die Sitzungen mit Patienten einen Plan auf. Dazu wenden sie spezielle Techniken und Konzepte an, die in jeder Sitzung vermittelt werden. Die KVT konzentriert sich hauptsächlich auf die Ziele des Patienten. Allerdings würde ein Therapeut niemals vorschreiben, welche Ziele ein Patient haben sollte. Sie zeigen ihnen lediglich, wie sie denken und handeln *können*, um ihre Ziele besser zu erreichen. Somit sagen sie ihren Patienten nicht, *was* sie tun können, sondern *wie* sie es tun können.

KVT basiert auf einem pädagogischen Modell

Zum Glück ist die KVT eine der besten therapeutischen Methoden, da sie durch die Wissenschaft und sämtliche untersuchte Gefühls- und Verhaltensreaktionen untermauert wird. Das Ziel der KVT ist es, Patienten dabei zu helfen, unerwünschte Reaktionen zu *verlernen* und neue, positivere Verhaltensweisen zu *erlernen.*

Bei der KVT geht es nicht nur um das Reden, sondern auch um das Erlernen positiver Verhaltensweisen. Patienten, die sich dieser Art von Therapie unterziehen, erzielen größere und schnellere Ergebnisse, da sie letztlich eine lebenslange Fähigkeit erlernen.

Die Theorie der KVT beruht auf der induktiven Methode

Rationales Denken basiert auf Fakten. Oft ärgern wir uns über etwas, vor allem dann, wenn sich eine Situation nicht so entwickelt, wie wir sie uns vorgestellt haben. Überlege nur einmal, wie viel Ärger wir uns sparen könnten, wenn wir uns dessen bewusst wären.

Die induktive Methode animiert dazu, seine Gedanken so zu vertiefen, als wären sie Hypothesen, die später in Frage gestellt und geprüft werden können. Wenn wir neue Infos erhalten und herausfinden, dass wir mit unseren Vermutungen nicht richtig liegen, können wir unsere Gedankengänge ändern, um sie mit der Realität abzustimmen.

Die Techniken und die Theorie der KVT beruhen auf der induktiven Methode

Erinnere dich doch einmal zurück an die Zeit, in der du das Einmaleins gelernt hast. Wenn du dich immer nur eine Stunde pro Woche mit dem Auswendig lernen beschäftigt hättest, würdest du dich heute wahrscheinlich immer noch fragen, was 5 mal 5 ist. Als du jünger warst, hast du wahrscheinlich viele Stunden zu Hause damit verbracht, das Einmaleins zu lernen, und das vermutlich mit Karteikarten, oder?

Das gleiche Konzept lässt sich auch auf die Psychotherapie anwenden. Wenn es ein Ziel zu erreichen gilt, kann es lange dauern, wenn man nur eine Stunde pro Woche über die Themen und Techniken nachdenkt, die einem beigebracht wurden.

Kognitive Verhaltenstherapeuten geben ihren Patienten wöchentliche Aufgaben, an denen sie arbeiten sollten. Dies ermutigt sie dazu, die erlernten Techniken zu üben und in realen Situationen anzuwenden, was letztlich zu einer positiven Veränderung ihrer Einstellung führt.

So funktioniert die kognitive Verhaltenstherapie

Wie du im vorigen Kapitel gelernt hast, ist die kognitive Verhaltenstherapie (KVT) eine psychotherapeutische Behandlungsmethode, die Patienten dabei hilft, ihre Gedanken und Gefühle richtig zu verstehen und herauszufinden, warum sie sich auf eine bestimmte Art fühlen und was diese Gefühle beeinflusst. Diese Therapie wird am häufigsten zur Behandlung von psychologischen Problemen wie Angstzuständen, Depressionen, Phobien und Süchten eingesetzt.

Bei der kognitiven Verhaltenstherapie handelt es sich um eine Kurzzeitbehandlung, die Patienten bei der Bewältigung bestimmter Probleme helfen soll. Während der KVT-Behandlung lernen Patienten, störende Denkprozesse und destruktive Verhaltensmuster, die zu negativen Emotionen und Verhaltensweisen führen, zu erkennen und zu verändern.

Die Grundlagen des kognitiven Modells

Ein Großteil der kognitiven Verhaltenstherapie und ihrer Möglichkeit, Patienten wirklich helfen zu können, liegt in der Kognition, d.h. in der Art und Weise, wie wir über etwas denken, was der Inhalt dieser Gedanken ist und wie sie konzeptualisiert werden.

Kognition hat drei Hauptebenen:

1. Grundüberzeugungen
2. Dysfunktionale Annahmen
3. Negative automatische Gedanken

Hintergrundwissen zur KVT

Die kognitive Verhaltenstherapie wurde vor mehr als 40 Jahren entwickelt, um bei der Behandlung von Depressionen zu helfen. Für die Behandlung von Panikstörungen, PTBS, Ängste, Phobien, Schlaflosigkeit, Ehekonflikte, Drogenmissbrauch, bipolaren Störungen und viele andere negative Beschwerden/Problemen ist sie kein wirksames Verhaltensmodell.

Kürzlich wurde nachgewiesen, dass die KVT sogar eine größere Wirkung auf die Psyche hat als verschreibungspflichtige Medikamente, insbesondere bei der Behandlung von Schlaflosigkeit. *Die KVT beruht auf der Notwendigkeit, Situationen zu erkennen, deren Ansicht zu hinterfragen und schließlich zu ändern.*

Die Art, wie wir denken ist wie das Tragen einer Brille, die uns die ganze Welt in einem bestimmten Licht sehen lässt. Diese Art von Therapie schärft unser Bewusstsein dafür, wie wir Dinge wahrnehmen und wie unsere Realität unser Denken und Verhalten bestimmt.

Wie die KVT funktioniert

Der Zweck der kognitiven Verhaltenstherapie besteht darin, unsere Denkweise und die mit unseren Denkprozessen verbundenen Verhaltensweisen zu ändern. Diese Therapiemethode hilft vielen Menschen bei der Lösung emotionaler, sozialer, medizinischer und arbeitsbezogener Probleme, indem sie in die Vergangenheit eintaucht, um einen klareren Einblick in unsere Gefühle zu bekommen und zu verstehen, warum wir so denken und fühlen, wie wir es tun. Somit zielt die KVT auf unsere Gedanken und Überzeugungen ab, die wir in diesem Moment empfinden.

Zur Erkennung und Behebung verzerrter Denkmuster sowie zur Änderung von Überzeugungen und zum Aufbau einer völlig neuen Beziehung zu anderen Menschen sind spezifische Fähigkeiten erforderlich, die den Patienten helfen, ein wünschenswerteres Verhalten zu entwickeln.

Negative kognitive Wahrnehmungen führen zu ungesunden Gedanken und Verhaltensweisen. Wenn man dann etwas Stressiges erlebt, kommen einem automatisch aufdringliche Gedanken in den Sinn, die die Stimmung und die Emotionen in der Situation stark beeinflussen. Dies kann dazu führen, dass jemand überreagiert, sich krank fühlt oder sich aufregt. Das liegt daran, dass sie falsche Annahmen über die Bedeutung es Umstands anhand einer unzuverlässigen Wahrheit machen.

Jemand, der sich vor einem Zahnarztbesuch fürchtet, denkt vielleicht an die Schmerzen, die er bei einem früheren zahnärztlichen Eingriff hatte. Diese Angst wird wahrscheinlich durch ein traumatisches Ereignis in der Kindheit ausgelöst. Dies kann dazu führen, dass die betroffene Person nicht mehr schlafen kann, mit Ängsten zu kämpfen hat und die Pflege ihrer Zähne völlig vernachlässigt.

Mit KVT praktizierte Interventionen:

- Vermeide Verallgemeinerungen und Alles-oder-Nichts-Denken
- Hinterfrage die zugrunde liegenden Annahmen
- Korrigiere deine Denkweise so, dass sie der Realität entspricht
- Beschreibe, akzeptiere und verstehe, anstatt zu urteilen.
- Entwickle ein Bewusstsein für automatische Gedanken
- Unterscheide zwischen rationalen und irrationalen Schlussfolgerungen
- Schärfe das Bewusstsein für deine Stimmung
- Prüfe Gültigkeit und Nützlichkeit eines bestimmten Gedankens

- Konzentriere dich darauf, wie etwas ist, statt darauf, wie es sein sollte
- Erhöhe allmählich den Kontakt zu Dingen, die du fürchtest
- Erkenne und ändere verzerrte Überzeugungen
- Identifiziere Problembereiche
- Finde heraus, was realistisch ist; ist das, was du denkst, wirklich wahr?
- Führe ein kognitives Verhaltenstagebuch
- Betrachte eine Situation aus verschiedenen Perspektiven
- Hör auf, Gedanken zu lesen und Wahrsagerei zu betreiben
- Höre auf, katastrophal zu denken (das Schlimmste zu denken)
- Höre auf, negativ zu denken
- Hör auf, die Situation zu personalisieren und die Schuld auf dich zu nehmen
- Gleiche Wahrnehmungen mit der Realität ab

Teil 2:

Probleme im Leben erkennen

Die Grundlagen von Angst und Depression

Was sind Angstzustände?

Laut Definition ist Angst *ein Gefühl der Besorgnis, der Nervosität oder des Unwohlseins, typischerweise im Hinblick auf ein bevorstehendes Ereignis oder eine Situation mit ungewissem Ausgang.* Angst ist ein physiologischer Gemütszustand, der sich durch verhaltensmäßige, emotionale, somatische und kognitive Faktoren äußert. Wenn diese Aspekte kombiniert werden, entstehen Gefühle der Besorgnis, der Sorge und der Furcht – alles verräterische Anzeichen dafür, dass die Angst ihr hässliches Gesicht zeigt.

Und als wäre das noch nicht schlimm genug, wird Angst auch häufig von körperlichen Beschwerden wie Brustschmerzen, Übelkeit, Kurzatmigkeit, Kopfschmerzen, Magenschmerzen und Herzklopfen begleitet.

Jeder Einzelne von uns hat mit Ängsten zu kämpfen, sei es vor überwältigend großen Unternehmenspräsentationen, vor einem Publikum oder bei einem Treffen mit den Schwiegereltern – das Leben ist unweigerlich voller Momente, die zu ängstlichen Gedanken und Gefühlen führen.

Sofern man nicht über übernatürliche Kräfte verfügt, um in die Zukunft zu sehen, lebt man leider jeden Tag mit der Ungewissheit, welche Auswirkungen die Handlungen von heute auf morgen haben können.

Angst ist eine körpereigene Reaktion auf ungewohnte oder gefährliche Umgebungen und Szenarien, die uns von Geburt an mitgegeben werden. Jeder Mensch verspürt von Zeit zu Zeit Angst und fühlt sich beunruhigt oder unwohl. Das ist völlig normal, denn es gibt uns den nötigen Ansporn, bewusst wachsam zu sein, um uns auf bestimmte Situationen vorzubereiten. Dazu gehört auch die sogenannte „Kampf-oder-Flucht“-Reaktion unseres Körpers.

Unser Körper ist von Natur aus darauf eingestellt, sich auf mögliche Bedrohungen vorzubereiten, weshalb sich unsere Herzfrequenz und unser Blutdruck erhöhen, wir zu schwitzen beginnen und unser Verdauungssystem gehemmt wird.

Stell dir vor, du hast das Gefühl, dein Herz würde dir in jedem wachen Moment deines Lebens aus dem Halse springen wollen, selbst in den ruhigsten Momenten. Stell dir ein Leben vor, in dem es dir schwerfällt, dich auf alltägliche Aufgaben zu konzentrieren, wenn du Angst hast, die Sicherheit deines Zuhauses zu verlassen, in dem du nicht einschlafen kannst, weil du in einem ständigen Strudel von Gedanken gefangen bist. Das Leben mit einer Angststörung ist lähmend und kann weitere negative Folgen haben, sowohl psychisch als auch physisch.

Mögliche Ursachen von Angstzuständen

Jeder Mensch ist einzigartig, und deshalb haben selbst weit verbreitete Erkrankungen von Mensch zu Mensch unterschiedliche Auswirkungen. Angstzustände können sich durch verschiedene Faktoren in unserer Psyche verankern und wachsen. Das kann beeinflusst werden durch:

- Die Chemie des Gehirns
- Lebensereignisse
- Wie wir aufgewachsen sind
- Umweltfaktoren
- Genetische Faktoren

Die oben aufgelisteten Faktoren bilden die Grundlage für eine mögliche Angsterkrankung, aber die folgenden Faktoren können in Kombination mit einem der oben genannten ein noch höheres Risiko für die Entwicklung einer Angststörung darstellen:

- Missbrauch von Alkohol, verschreibungspflichtigen Medikamenten oder Drogen
- Chemische Ungleichgewichte im Körper und/oder Gehirn
- Angstzustände, die in der Familie vorkommen
- Das Auftreten anderer psychischer Probleme
- Physisches, emotionales oder mentales Trauma
- Nebenwirkungen von Medikamenten
- Stress, der über einen längeren Zeitraum anhält

Die Gefühle und Gedanken, die einen Angstzustand auslösen, können leicht dazu führen, dass man sich allein fühlt. Ironischerweise sind Ängste und all die damit verbundenen Probleme eine der häufigsten psychischen Erkrankungen in den USA. Mehr als 40 Millionen amerikanische Erwachsene leben jeden Tag mit einer dieser Erkrankungen.

Wenn es darum geht, mit einer Angsterkrankung zu leben, muss man erkennen, welche Symptome einen beunruhigen und wie man sich die Angst nehmen kann. Natürlich ist das viel leichter gesagt als getan. Manche Menschen wissen nie genau, was ihre Angst auslöst, während andere bestimmte Situationen genau erkennen und sie um jeden Preis vermeiden. Auslöser können fast alles sein und werden durch bestimmte Ereignisse in der Vergangenheit oder durch eine Kombination verschiedener Dinge ausgelöst.

Einige Auslöser sind:

- Krankheit
- Körperliche oder emotionale Notlage
- Beziehungen und/oder Freundschaften

- Schulbezogener Stress
- Stressige Situationen
- Die Art und Weise, wie man Ereignisse im Leben verarbeitet
- Arbeitsbedingter Stress

Für manche Menschen kommen die Angstanfälle aus dem Nichts und treten zu den unpassendsten Momenten auf - vor allem dann, wenn man es am wenigsten erwartet. Allein diese Ungewissheit kann bereits zu einer Angst führen. Deshalb ist es wichtig, die eigenen Auslöser zu erkennen, bevor sie überhaupt auftreten, um erfolgreich mit der Angst umgehen zu können.

Wenn du erkennen kannst, was deine Angstsymptome auslöst, kannst du dich nicht nur auf mögliche Szenarien vorbereiten, in denen du vermutlich Angst verspüren wirst, sondern kannst auch wirksame Bewältigungsstrategien entwickeln, um mit deiner Angst insgesamt besser umzugehen.

Häufige Angstauslöser, denen wir uns nicht bewusst sind

- Das hektische Treiben des Alltags. Im Leben ist immer etwas los und man scheint nie die Zeit zu haben, Dinge etwas langsamer angehen zu können.

- Die unvermeidliche Tatsache, dass wir immer älter werden.

- Autofahren, besonders auf Autobahnen mit vielen Autos oder über Brücken.

- Selbst gestellte Erwartungen nicht erfüllen können.

- Das Gefühl der Unsicherheit. Wenn wir eine Situation nicht unter Kontrolle haben, macht uns das ein wenig verrückt. Das liegt an mangelnder Kommunikation und an der Angst, die Schlussfolgerungen für uns zieht.

- Sirenen von Krankenwagen, Feuerwehr oder Polizei.

- Stress bei der Arbeit – dazu zählt eine ungenügende Leistungserbringung, wenn im Laufe eines Arbeitstages nicht genug Zeit vorhanden ist, um alles zu erledigen usw.
- Allein der Gedanke daran, was die Angst auslöst, kann bereits ein Grund für die Angst sein.
- Wenn einem zu warm ist, wird dies oft mit Klaustrophobie in Verbindung gebracht.
- Der unvermeidliche Teil des Lebens, der als Tod bekannt ist. Dies gilt insbesondere für Menschen, die in ihrem Leben bereits große Verluste erlitten haben.
- Alleinsein.
- Die Möglichkeit, herauszufinden, dass Menschen einen vielleicht nicht so sehr mögen, wie man glaubt.
- Verurteilt oder verbal angegriffen zu werden.
- Große Menschenmengen.
- Die Unfähigkeit, die Zukunft vorherzusagen. Menschen mit Ängsten mögen oft keine Überraschungen.
- Wenn es darum geht, neue Dinge auszuprobieren.
- Weit weg von zu Hause oder anderen dir vertrauten Orten.
- Wenn viele Menschen gleichzeitig mit dir sprechen oder dich ansprechen.
- Die Probleme, die deine Kinder in der Schule haben könnten.
- Geld! Das ist ein großes Thema. Egal, ob du für ein großes Ereignis wie eine Hochzeit oder den Kauf eines Hauses oder Autos sparst, der Prozess, ständig all die monatlichen

Rechnungen zu bezahlen und gleichzeitig zu versuchen, Geld für andere Dinge zu sparen, ist nervenaufreibend.

Was ist eine Depression?

Depression ist eine Krankheit, die unser Fühlen, Denken und Handeln negativ beeinflusst. Sie führt dazu, dass wir Phasen von Traurigkeit erleben und Interesse an Dingen verlieren, die wir eigentlich lieben. Depressionen bilden auch eine Grundlage für viele andere körperliche und emotionale Probleme, die die Fähigkeit eines Menschen, im Alltag zu funktionieren, weiter einschränken können.

Eine Depression wird oft mit natürlicher Traurigkeit und Verlust verwechselt – Gefühle, die wir nach dem Tod eines geliebten Menschen, eines Arbeitsplatzes oder Schwierigkeiten in einer Beziehung empfinden. Diese Menschen können zwar eine gewisse Zeit lang „deprimiert" sein, aber danach lässt diese Depression auch wieder nach und sie können wieder normal funktionieren.

Es ist wichtig zu verstehen, dass „traurig sein" nicht dasselbe ist wie von einer Depression geplagt zu werden. Trauer und Depression werden oft verwechselt und falsch interpretiert, weil beides mit intensiven Gefühlen der Traurigkeit und dem Rückzug von normalen Lebensaktivitäten verbunden sind.

Wie sich Trauer und Depression unterscheiden:

- Trauer tritt in schmerzhaften Wellen auf und vermischt sich mit positiven Erinnerungen. Depressionen zeichnen sich dagegen durch eine völlige Gefühlsstörung und den Verlust der Freude an alltäglichen Aktivitäten für mehr als zwei Wochen aus.

- Bei einer Trauer bleibt das Selbstwertgefühl erhalten, während bei Depressionen oft Selbstverachtung und Gefühle der Wertlosigkeit auftreten.

Risikofaktoren einer Depression

Jeder kann von einer Depression betroffen sein, auch Menschen, die in scheinbar idealen Verhältnissen leben. Bei der Entstehung einer Depression können mehrere Schlüsselfaktoren eine entscheidende Rolle spielen, wie z. B.:

- *Umweltfaktoren,* wie Gewalt, Missbrauch, Armut, Vernachlässigung usw. Diese Faktoren machen Betroffene mit der Zeit anfälliger für die Entwicklung einer Depression.
- *Persönlichkeit* kann auch eine Rolle spielen, insbesondere bei Menschen mit geringem Selbstwertgefühl. Jeder, der leicht von Stress überwältigt wird oder von Natur aus pessimistisch ist, ist anfällig für Depressionen.
- *Gene* führen dazu, dass Depressionen in der Familie weitergegeben werden. Wenn zum Beispiel ein Zwilling eine Depression entwickelt, hat der andere eine 70%-ige Chance, ebenfalls daran zu erkranken.
- *Biochemie* bewirkt, dass chemische Stoffe im Gehirn aus dem Gleichgewicht geraten, was leicht zum Auftreten von Depressionssymptomen führen kann.

Angstzustände vs. Depression

Depressionen und Angstzustände sind zwei verschiedene Erkrankungen, die sich deutlich voneinander unterscheiden. Dennoch überschneiden sich häufig ihre Ursachen, Symptome und Behandlungsmethoden. Auch wenn diese beiden psychischen Erkrankungen immer wieder diskutiert werden, kennen viele Menschen immer noch nicht die Unterschiede.

Viele Menschen, die unter Depressionen leiden, erleben phasenweise auch Angstzustände, die mit ihrer bedrückten Stimmung einhergehen. Dies führt dazu, dass sie sich oft rastlos und angespannt fühlen und Probleme haben, sich auf alltägliche Aktivitäten zu konzentrieren. Menschen, die diese durch Angstgefühle ausgelöste Notlage zusammen mit einer Depression erleben, haben ein viel höheres Selbstmordrisiko.

Symptome einer schweren Depression:

- Depressive Stimmung
- Gefühle von Schuld oder Wertlosigkeit
- Zunahme oder Abnahme des Appetits
- Schlaflosigkeit oder Hypersomnie
- Energiemangel
- Mangelndes Interesse an angenehmen Aktivitäten
- Verlangsamte Bewegungen
- Selbstmordgedanken oder selbstmörderische Verhaltensweisen
- Konzentrationsschwierigkeiten

Zur Diagnose einer depressiven Erkrankung muss man über einen Zeitraum von zwei Wochen mindestens fünf Symptome verspürt haben.

Symptome von generellen Angstzuständen:

- Leichte Ermüdbarkeit
- Übermäßige Sorgen
- Reizbarkeit
- Muskelverspannungen
- Unruhe
- Schlafstörung
- Konzentrationsschwierigkeiten

Zur Diagnose von Angstzuständen müssen die Symptome seit mindestens sechs Monaten bestehen und das tägliche Leben beeinträchtigen.

Wie man sehen kann, gibt es eine Überschneidung, wenn man die Liste der Symptome von Angst und Depression vergleicht. Es gibt jedoch auch ein paar sehr unterschiedliche Faktoren:

- Menschen mit einer Depression:
  - bewegen sich langsam
  - haben ein vermindertes Reaktionsvermögen
- Menschen mit Angstzuständen:
  - sind angespannt
  - haben Schwierigkeiten, ihre rasenden Gedanken zu kontrollieren
  - verspüren Angst

Die Realität von einem Leben mit Angstzuständen und/oder Depressionen

Seien wir ehrlich: Wer nicht selbst unter Ängsten und Depressionen leidet, der weiß nicht, wie es ist, in Verleugnung und Angst zu leben. Wie es ist, in einem ständigen Schatten zu stehen, sich selbst und die Menschen in seiner Umgebung dauernd zu hinterfragen, sich immer wieder schlechte Gedanken über seine Zukunft zu machen usw. Wenn du jemanden liebst oder mit jemandem zusammenlebst und die Qualen der täglichen Angst live miterlebst, siehst du damit jedoch wahrscheinlich nur die Oberfläche dessen, was diese Person jeden Tag ihres Lebens durchmacht.

Wer mit ängstlichen Gedanken und Gefühlen lebt, erlebt regelmäßig Panikattacken oder neigt zu einer Art Phobie und schämt sich für seine „Krankheit“. Dadurch fühlen sich Menschen oft verrückt, obwohl sie es in Wirklichkeit gar nicht sind.

Natürlich sind manche Tage besser als andere, aber wer unter den Symptomen dieser psychischen Erkrankungen leidet, hat in der Regel mehr schlechte als gute Tage. Sie haben oft das Gefühl, immer unter einer dunklen Regenwolke zu stehen, wobei der Regen nicht nur aus Wasser besteht. Die Tropfen von der Wolke über dem Kopf entstehen durch beunruhigende Visionen, verstörende Logik, Gefühle von Wertlosigkeit und/oder Hoffnungslosigkeit sowie den Blicken, die sie von geliebten Menschen und sogar Fremden erhalten, wenn sie glauben, dass man sich in einer Art persönlichen Krise befindet oder das Gefühl hat, von der Klippe geschubst zu werden. Dies ist nur ein kleiner Ausschnitt dessen, was es bedeutet, mit Angst zu leben.

Lerne dich selbst besser kennen, um Auslöser zu erkennen

Die vielen Faktoren, die diese Angstgedanken und -gefühle auslösen können, sind bei jedem Menschen etwas anders. Es ist wichtig, sich Zeit zu nehmen, um sich auf sich selbst zu konzentrieren und herauszufinden, welche Dinge einem Ruhe geben oder Spannungen im Leben verursachen.

Gehe den Ursachen deiner Angst auf den Grund

Was viele von uns nicht wissen, ist, dass viele Ursachen für das Aufflammen unserer Ängste selbst produziert werden. Man kann zwar seine Situation, die Familie, Freunde usw. für seine Ängste verantwortlich machen, aber letzten Endes bist du es, der das Leben um dich herum so wahrnimmt. Je nachdem, wie du es betrachtest, analysierst und aufnimmst, hängt ganz von dir ab. Die Ursachen für die Vorhänge der „Spielangst" haben meist einen der folgenden Gründe.

- **Negative Selbstgespräche**

Laut Untersuchungen von Verhaltensspezialisten sind fast 77% unserer Gedanken kontraproduktiv und negativ. Oft ist uns nicht bewusst, dass wir selbst unser eigener schlimmster Kritiker sind und uns selbst damit schaden. Lerne, dir bewusst zu werden, wie du mit dir selbst sprichst. Schreibe einen Tag lang alle negativen Gedanken auf und übe dann jeden Tag, diese negativen Worte oder Gedanken in glückliche und liebevolle Gedanken an dich selbst umzuwandeln. Auch wenn es sich anfangs seltsam anfühlt, wird es nach einiger Zeit zu einer Gewohnheit für dich werden. Selbstgespräche sind eine ebenso wichtige tägliche Gewohnheit wie alle anderen auch.

- **Unrealistische Erwartungen**

Manchmal haben wir einfach zu hohe Erwartungen, die wir nur schwer erreichen können. Zu erwarten, dass andere perfekt sind und sich an alle Details über dich erinnern, ist schlichtweg albern. Wenn du zu hohe Erwartungen hast, verpasst du vermutlich tolle Gelegenheiten und bist nicht in der Lage, all die guten Dinge wahrzunehmen, die um dich herum passieren und eigentlich ein Grund zum Feiern sind. Das gilt auch für Erwartungen, die du an dich selbst hast. Sind sie tatsächlich realistisch? Wenn nicht, wie kann man sie vernünftiger und erreichbarer machen?

- **Die „Sollte“-Gedanken**

Denkst du oft, dass du „dieses oder jenes tun musst“? Hast du dir jemals einen Moment Zeit genommen, um zu hinterfragen, warum du „musst“? Wenn du dir sagst, dass du etwas tun musst, ist das gleichbedeutend damit, dir zu sagen, dass du nicht gut genug bist. Das führt schnell zu negativen Selbstgesprächen und sollte daher vermieden werden. Erstelle eine positive Liste mit Dinge, die du stattdessen tun oder werden solltest. Und sind dies *deine* Erwartungen oder die von anderen?

- **Dinge werden zu persönlich genommen**

Menschen, die unter Angstzuständen leiden, haben das Gefühl, dass Vieles von dem, was passiert, ihre Schuld sei, obwohl es in Wirklichkeit gar nichts mit dem unfreundlichen Verhalten oder dem Anstarren von jemand anderem tun hat. Lerne, nicht direkt alles zu persönlich zu nehmen, denn du weißt schließlich nie, was im Leben der anderen Menschen vor sich geht. „Wir sind alle im selben Spiel, nur auf verschiedenen Ebenen. Wir alle haben es mit der gleichen Hölle zu tun, nur mit unterschiedlichen Teufeln.“ Wenn du daher glaubst, der Grund für die Handlungen einer anderen Person zu sein, sprich sie doch einfach mal an und frage nach, anstatt nur zu vermuten. Auf diese Weise wird man viele Annahmen los, die sich negativ auf deine Ängste auswirken.

Unser Verstand ist so programmiert, dass er das glaubt, die wir ihm am meisten erzählen. Wenn wir ständig negative Selbstgespräche führen, zu hohe Erwartungen an andere oder uns selbst stellen, Dinge tun "müssen" oder uns zu viele Gedanken um unsere Mitmenschen machen, wird sich unser Gehirn dementsprechend negativ verhalten. Daher ist es wichtig, ein positives Fundament für sein Gemüt zu schaffen, auf dem alle Gedanken ruhen können. Um das Tor zu mehr Glück und weniger Stress und/oder Angst zu öffnen, ist es wichtig, auf eine glückliche Art und Weise zu denken!

Methoden zur Lokalisierung deiner Ängste

Du kannst dir zwar alle Zeit der Welt nehmen, um im Internet, in Büchern oder anderen Medien nach Informationen über die Linderung von Ängsten zu suchen, aber solange du nicht aktiv wirst und beschließt, wirklich etwas ändern zu wollen, wird sich auch nichts ändern. Ich selbst leide unter Angstzuständen, die mich in meinem Alltag noch vor wenigen Jahren überrollt haben und mich mehr als nur ein paar Mal ertrinken ließen. Im Laufe der Zeit konnte ich jedoch einen Prozess entwickeln, der mir sehr dabei geholfen hat, herauszufinden, was meine Angstgedanken eigentlich auslöst. Dadurch bekam ich mein Leben endlich in den Griff und konnte meine Angst davon abhalten, ständig mein Leben vorzuschreiben.

Im Internet findet man auch viele Arbeitsblätter und Bücher über Angstzustände mit interaktiven Denkanstößen und Füllmaterial, die einem dabei helfen, herauszufinden, was dir eine so verdammte Angst macht. Eines meiner Lieblingsbücher, das ich persönlich benutzt habe und sehr empfehlen kann, findest du unter http://www.dr-jane-bolton.com/support-files/finding-anxiety-triggers.pdf. Gern geschehen!

- **Stopp** – Wenn dich das Gefühl der Angst überkommt, halte inne und nimm dir einen Moment Zeit, um zu notieren, was du in diesem Moment tust. Das ist leichter gesagt als getan, denn vielleicht bist gerade mitten in einer Aufgabe, einem Gespräch o.ä. Es ist jedoch von Vorteil, wenn du dir einen Moment Zeit nimmst, um festzustellen, wann du anfängst, Angst zu verspüren.

- **Identifizieren** – Wenn du den Beginn der aufsteigenden Angst erkennst, kannst du herausfinden, wodurch sie bei dir ausgelöst wird. Wenn es dir gelingt, Auslöser und Gefühle zu bemerken, sobald sie auftauchen, kannst du ihnen schneller Einhalt gebieten. Viele Menschen merken erst dann, dass sie an Angstzuständen leiden, wenn sie bereits von den Symptomen übermannt werden. Mit der Zeit kannst du jedoch die Fähigkeit entwickeln, recht schnell zu erkennen, was dein Glück und dein allgemeines Wohlbefinden gefährdet.

- **Schreiben** – Da ich Experte darin geworden bin, mir geistige Notizen zu machen, warum genau ich Angst verspüre, ist mir irgendwann aufgefallen, dass ich alle Ereignisse des Tages aufschreibe – sowohl die guten als auch die, die meine Ängste ausgelöst haben. Auf meinem Handy nutze ich Notizen, da man schnell darauf zugreifen kann, um sich alles aufzuschreiben. Später übertrage ich sie dann auf Papier, bevor ich ins Bett gehe. Achte darauf, so viele Details wie möglich aufzuschreiben – was du denkst, fühlst, erlebst usw.

- **Analysieren** – Am Ende der Woche schaue ich mir dann an, was ich in mein Angst-Notizbuch geschrieben habe. Das kann am Ende jedes Tages, jeder Woche oder jedes Monats durchgehen, aber länger sollte man meiner Meinung nach nicht warten. Ich warte in der Regel ein paar Tage bis eine Woche, damit ich bestimmte Muster erkennen kann, die meine

Gedanken gebildet haben. Wenn man sich dann dieser Muster bewusst ist, kann man sich besser auf die Ursachen der Angst konzentrieren und sie vermeiden.

- **Möglichkeiten** – Man kann etliche Dinge zum Sündenbock machen, wenn man Angst verspürt, doch wenn du diese Annahmen erkennst, kannst du die Muster überprüfen und deine Ängste besiegen. Ängste sind in vielen Fällen situationsbedingt. Wenn du z. B. Angst hast, dich in einer ungewohnten Umgebung aufzuhalten, setze dich nach und nach solchen Umständen aus. Wenn die Ursachen dagegen eher in deiner Denkweise und deiner Sicht der Welt verankert sind, solltest du lernen, positive Selbstgespräche zu führen. Sobald du dir ein Muster zurechtgelegt hast, wirst du weniger Angst verspüren, weil du eine Vorstellung und Kontrolle über deine Angstsituationen hast.

Prinzipien von automatischen und aufdringlichen Gedanken

Jeden Tag haben wir Menschen zwischen 70.000 und 100.000 Gedanken, mit denen wir die Welt interpretieren, Geschehnisse beschreiben und unserer Umgebung einen Sinn geben. Dabei geben wir Dingen sogar eine Bedeutung, ohne uns dessen bewusst zu sein. Wir selbst können frei entscheiden, ob wir Dinge als unangenehm oder angenehm, schlecht oder gut, sicher oder gefährlich usw. wahrnehmen.

Die Wissenschaft von automatischen Gedanken

Gedanken sind elektrochemische Impulse, die in unseren Köpfen auftreten, das heißt, sie sind keine Tatsachenbehauptungen. Die kognitive Verhaltenstherapie hat gezeigt, dass es nicht die Ereignisse sind, die unsere Emotionen und Reaktionen hervorrufen, sondern die Bedeutung, die unser Gehirn den besagten Ereignissen zuweist und was wir über das Geschehen selbst denken.

Wir alle können ein und dasselbe Ereignis sehr unterschiedlich interpretieren. Das liegt daran, dass wir alle zuvor etwas anderes erlebt haben, anders erzogen worden sind und andere Überzeugungen und Werte in uns tragen. Unsere Bedeutung für bestimmte Ereignisse führt dazu, wie wir uns körperlich und emotional fühlen. Wenn etwas passiert, nehmen wir auf ganz natürliche Weise Dinge wahr, die Gedanken auslösen. Und die wiederum führen zu Emotionen und Handlungen. Hier sind einige Beispiele:

- Der Gedanke: *„Ich denke, dass etwas Schlimmes passieren wird und ich nicht in der Lage sein werde, damit umzugehen.“*

Dies führt zu Angstgefühlen, sodass man diese Situation vermeidet/ausweicht.

- Der Gedanke: *„Ich werde nicht fair behandelt."* Dies führt zu wütenden Gefühlen, die wir mit Schreien, Schlagen usw. zum Ausdruck bringen.

- Der Gedanke: *„Die Welt ist ein dunkler Ort."* Ähnlich düstere Gedanken können zu Depressionen führen, die uns dazu bringen, uns zu isolieren und weniger aus unserem Leben zu machen.

Merkmale von automatischen Gedanken:

- Das kann eine Erinnerung, ein Bild, Worte, eine körperliche Empfindung, ein imaginärer Klang oder unsere Intuition sein.

- Sie sind sehr glaubwürdig; wir glauben automatisch und ganz natürlich unseren eigenen Gedanken.

- Sie tauchen einfach auf, ohne dass wir uns dessen bewusst sind.

- Sie gehören uns, d.h. sie sind auf unser Leben, unsere Erfahrungen, unser Wissen, unsere Kultur, unsere Werte usw. bezogen.

- Sie sind hartnäckig und werden zur Gewohnheit, das heißt, sie wiederholen sich immer wieder. Je öfter dies geschieht, desto glaubwürdiger werden sie.

Die Wissenschaft von aufdringlichen Gedanken

Aufdringliche Gedanken sind unerwünschte Gedanken, die sich in unseren Köpfen festsetzen und uns Kummer bereiten können. Sie tauchen aus dem Nichts auf und machen uns große Angst. Aufdringliche Gedanken konzentrieren sich oft auf gewalttätige, sexuelle oder gesellschaftlich inakzeptable Bilder. Viele Menschen fürchten, gewisse Taten zu begehen, die sie sich vorstellen, was zu Gefühlen der Besessenheit und zwanghaften Handlungen führen kann.

Der Unterschied zwischen aufdringlichen und automatischen Gedanken besteht darin, dass aufdringliche Gedanken von Natur aus beunruhigend sind, was negative Handlungen nach sich ziehen kann. Aufdringliche Gedanken drehen sich in der Regel um negative Dinge, weil sie für uns wichtig sind und wir dazu neigen, ihnen viel Aufmerksamkeit zu schenken.

Aufdringliche Gedanken klammern sich von Natur aus an Dinge, die für dich im Leben Priorität haben. Wenn du zum Beispiel Tiere liebst, kann dir der Gedanke kommen, einem Tier etwas anzutun, was deine Wertvorstellungen gewaltig erschüttern kann.

Ja, aufdringliche Gedanken sind ganz normal! Was gewöhnliche Menschen jedoch von denen unterscheidet, die mit diesen Gedanken zu kämpfen haben, ist die Art und Weise, wie sie mit ihnen umgehen. Erst, wenn man diese Gedanken nicht ignoriert und auf sie eingeht, füttert man diesen negativen Gedankenprozessen und erschafft daraus eine Erzählung im Kopf.

Beispiele für aufdringliche Gedanken:

- Der Wunsch, jemanden unangemessen berühren zu wollen
- Das Verlangen, eine andere Person zu küssen
- Jemanden zu verletzen, der einem etwas bedeutet
- Dinge gestehen, die man nicht getan hat

Wie man automatische und aufdringliche Gedanken angehen und besiegen kann

Wie kann man also mit seinen automatischen Gedanken und aufdringlichen Bedürfnissen umgehen? Das ist eigentlich ganz einfach. Das Problem entsteht nur, wenn man dem Drang, der einem in den Sinn kommt, zu viel Aufmerksamkeit schenkt. Wenn man zum Beispiel sehr religiös ist und den Drang verspürt, beim Gottesdienst etwas Obszönes zu rufen, sollte man diesen Gedanken ignorieren.

Je mehr Sie sich auf das konzentriert, was einem in den Sinn kommt, desto stärker wird der Drang. Mit anderen Worten: Je mehr man diesem Gedanken Aufmerksamkeit schenkt, desto mehr Kraft gibt man ihm, die Kontrolle über zu übernehmen.

Lerne, diese Gedanken als aufdringlich zu bezeichnen und dich daran zu erinnern, dass sie automatisch auftreten. Letztlich haben sie nichts mit dir zu tun. Wenn du sie jedoch akzeptierst und zulässt, aber ihnen keine Beachtung schenkst, wird diese Zeit positiver für dich verlaufen. Beschäftige dich nicht mit diesen Gedanken und versuche auch nicht, sie aktiv aus deinem Kopf zu verdrängen, denn dann wird man von ihnen besessen.

Stattdessen solltest du herausfinden, was diese Gedanken für dich bedeuten. Denke daran, dass weniger mehr ist und dass du dir Zeit lassen solltest. Mache mit dem weiter, was du gerade tust, wenn diese automatischen und aufdringlichen Gedanken auftreten.

Die Verbindung zwischen Denken, Fühlen und Handeln verstehen lernen

Zeit für eine kurze Verschnaufpause. Ein wenig Entspannung tut schließlich auch mal ganz gut. Ich möchte, dass du dazu deinen Kopf frei machst und dir folgende Situation vorstellst:

Du gehst die Straße entlang und siehst auf der anderen Straßenseite jemanden, den du kennst. Du lächelst und winkst, doch die Person würdigt dich keines Blickes und geht weiter. Wie fühlst du dich?

Nun, wie du dich in dieser Situation fühlst, hängt von deinen Gedanken ab. Wenn du denkst –

- *„Was ist los? Habe ich etwas getan, was diese Person verärgert hat?"*
    - Durch diesen Gedanken fühlst du dich vermutlich besorgt.
- *„Warum hat die Person nicht reagiert? Bestimmt mag sie mich nicht mehr…"*
    - Wenn du so denkst, wirst du wahrscheinlich traurig sein.
- *„Was ist dieser Person denn über die Leber gelaufen?"*
    - Durch diesen Gedanken fühlst du dich vermutlich verärgert.
- *„Oh, die Person hat mich bestimmt nicht gesehen."*

- Wenn du so denkst, wirst du vermutlich ein wenig enttäuscht sein.

Das ABC-Modell

Der Punkt ist, dass nicht die Situationen, mit denen du jeden Tag konfrontiert wirst, bestimmen, wie du dich letztendlich fühlst. Wie du dich fühlst, hängt einzig und allein von den Gedanken ab, die du als Reaktion auf eine Situation hast. Diese Beziehung wird allgemein als das *ABC-Modell* bezeichnet.

1. A steht für **A**ctivating Event, die innere oder äußere Wahrnehmung.

2. Dies führt zu einem Gefühl oder einer Konsequenz (**C**onsequence).

3. Was vielen von uns jedoch nicht bewusst ist, ist der Gedanke oder Glaube (**B**elief), der A und C miteinander verbindet.

4. Diese Gedanken werden gemeinhin als automatische Gedanken bezeichnet, da sie unmittelbar und automatisch entstehen. Diese Art von Gedanken tragen dazu bei, wie wir uns fühlen und wie stark wir diese Gefühle empfinden.

Werfen wir noch einmal einen Blick zurück auf unser obiges Beispiel. Wir haben bei A mit dem auslösenden Ereignis begonnen, das zu B, unsere Gedanken, führte, die dann zu C führten, wie wir uns dank dieser Gedanken schließlich fühlten. Die automatischen Gedanken können stark von der Stimmung und unserem derzeitigen Gemütszustand abhängen. Wenn man zum Beispiel bereits Angst verspürt, ist es wahrscheinlicher, dass man sich umso ängstlicher fühlt, wenn eine Situation wie die oben beschriebene eintritt. Unsere Gedanken und Stimmungen sind oft kongruent. Da Gedanken und Gefühle so stark miteinander verbunden sind, ist es von großer Bedeutung, sich bewusst zu machen, wie äußere Einflüsse uns fühlen lassen.

Wer Angstzustände hat, wird natürlich auch ängstliche Gedanken haben. Wer traurig ist, wird depressive Gedanken haben. All diese Gefühle können zu einem Teufelskreis werden, der sich negativ auf dein Leben und deine Lebenserfüllung auswirkt. Wenn du jedoch in der Lage bist, deine Gedanken wahrzunehmen und zu erkennen, wie sie sich auf deine Stimmung auswirken, kannst du besser kontrollieren, was für eine Auswirkung sie auf deine zukünftigen Gedanken und Handlungen haben werden. So kannst du diese Gedanken beseitigen, bevor sie zu sehr aus dem Ruder laufen.

Die Verbindung zwischen Denken, Fühlen und Handeln

Nachdem wir unsere Gedanken mit unseren Gefühlen verbunden haben, können wir nun eine Beziehung zu unserem Verhalten und unseren Körperempfindungen herstellen, da all diese Elemente einen starken Einfluss aufeinander haben.

Zu Anfang steht die Situation. Die ist entweder:

- Extern
    - Dinge, die wir tun
    - Dinge, die passieren
- Intern
    - Gedanken
    - Gefühle
    - Körperliches Empfinden

Die Situation erzeugt dann:

- Gedanken
    - Glaube
    - Bilder
    - Selbstgespräche
- Gefühle
    - Was du innerlich fühlst
    - Deine Stimmung
    - Deine Emotionen

- Handlungen
  - Was du tust
  - Wie du dich verhältst
- Körperliche Empfindungen
  - Schmerz
  - Physiologische Reaktionen
  - Empfindungen

Sehen wir uns ein weiteres Beispiel an:

Du bist mit einer Gruppe von Leuten unterwegs, die du nicht sehr gut kennst. Du bist ein bisschen schüchtern und fühlst dich unwohl.

- **Gedanke** – *„Ich wünschte, ich hätte ein interessantes Gesprächsthema."*

- **Gefühl** – Besorgt (ängstlich).

- **Handlung** – Du versuchst, etwas zu sagen, aber da du besorgt bist, gerätst du ein wenig ins Straucheln.

- **Körper** – Du schämst dich ein wenig und verspürst ein beengendes Gefühl in der Brust.

- **Gedanke** – Dann denkst du: *„Was ist nur mit mir los? Ich kann nicht einmal ein vernünftiges Gespräch führen."*

- **Gefühl –** Dann bist du traurig.

- **Körper –** Du verspürst Verzweiflung in der Magengrube

- **Gedanke** – *„Ach, warum es überhaupt versuchen, es ist sowieso zwecklos."*

- **Handlung –** Du entschuldigst dich und gehst nach Hause.

Sobald du wieder zu Hause bist, fühlst du dich deprimiert. Solche Situationen veranschaulichen recht deutlich, inwiefern deine

Gedanken, Gefühle, Handlungen und Körperempfindungen dein Verhalten beeinflussen.

Teil 3:

Das eigene Leben wieder in den Griff bekommen

Wie man sich praktische und sinnvolle Ziele setzt

Die Wichtigkeit der Zielsetzung

"Begin with the end in mind."

– Stephen Covey

Ziele spielen eine wichtige Rolle, wenn wir in unserem Leben vorankommen wollen. Sie sind sozusagen der Sauerstoff, den unsere Träume und Bestrebungen einatmen. Sie sind der Anfang unseres Abenteuers und zugleich der letzte Schritt auf dem Weg zum Erfolg. Es ist wichtig, sich der Bedeutung der Zielsetzung bewusst zu sein.

Eine Zielsetzung ist wichtig, weil…

Jede Planung, die du dir zur Vorbereitung auf deinen zukünftigen Erfolg vornimmst, ist ein Ziel. Von der Planung unserer Hausarbeit bis hin zur Entwicklung eines Rentenplans und allem, was dazwischen liegt, tragen selbst kleine tägliche Aufgaben dazu bei, uns für eine bessere Zukunft zu wappnen.

...sie uns einen Fokus verschafft

Glaubst du, einen Pfeil ohne ein Ziel abschießen zu können? Wenn man nirgendwo hinzielen kann, schießt man einfach willkürlich irgendwo hin. Aber warum dann überhaupt erst losschießen? Was wäre der Zweck dahinter? Ganz genau.

Das Beispiel mit Pfeil und Bogen ist eine wörtliche Analogie dafür, wie das Leben ohne Ziele aussehen würde. Selbst wenn du viel

Potenzial und Antrieb hast, sind deine Talente und Fähigkeiten ohne ein klares Ziel völlig nutzlos. Auch Sonnenlicht kann ohne Fokus nicht durch eine Lupe brennen – das Gleiche gilt für dich. Du wirst nie etwas erreichen können, wenn du dich nicht auf deine Bemühungen konzentrierst.

Letztendlich sind es deine Ziele, die dir in deinem Leben eine Richtung geben. Mit einer Zielsetzung hat man ein klares Ziel vor Augen, das man anvisieren kann. Und wenn man dazu noch ein klares Gefühl für die Richtung hat, kann man sich mental voll und ganz auf dieses Ziel konzentrieren. Anstatt Zeit und Energie damit zu vergeuden, ziellos drauflos zu schießen, hast du mit einem konkreten Ziel etwas, das du tatsächlich anvisieren und erreichen kannst – nämlich ein Ziel.

...wir daran unseren Fortschritt messen können

Wenn du dir Ziele setzt, hast du ein System, mit dem du deine Fortschritte messen kannst, da du einen Maßstab hast, mit dem du sie vergleichen kannst.

Nehmen wir an, du hast dir vorgenommen, einen Roman mit 300 Seiten zu schreiben. Also fängst du an, jeden Tag zu schreiben und gibst dir dabei sehr viel Mühe. Dann verlierst du auf einmal den Überblick darüber, wie viele Seiten du bereits geschrieben hast und wie viele du noch schreiben musst, um deine Quote zu erreichen. Aber anstatt in Panik zu geraten, kannst du einfach die Seiten zählen, die du schon geschrieben hast, um deinen Fortschritt zu ermitteln und herausfinden, wie viel du noch schreiben musst.

... wir dadurch weniger abgelenkt werden

Wenn du dir Ziele setzt, setzt du dir auch geistige Grenzen. Wenn du ein Ziel vor Augen hast, kannst du Ablenkungen besser meiden und dich voll und ganz auf das Ergebnis konzentrieren. Das geschieht automatisch. Egal, wer oder was dir auf dem Weg zu deinem Ziel begegnet, es bleibt immer einsichtig. Deshalb ist es für erfolgreiche Menschen wichtig, sich Ziele zu setzen, damit sie automatisch bei der Sache bleiben und 100% geben können.

... wir dadurch weniger prokrastinieren

Eine Zielsetzung schafft eine Art persönliche Verantwortlichkeit. Ziele haben eine Art, sich in deinem Kopf festzusetzen. Und selbst wenn sie nicht erreicht werden, verschwinden sie nicht einfach. Wahrscheinlich hattest du schon mehrmals in deinem Leben den Moment: „Mist, ich wollte doch heute noch _____ tun!“ Das ist die Art, wie dein Gehirn dich daran erinnert, dass du dich wieder auf den richtigen Weg begeben solltest. Dies hilft auch dabei, weniger faul zu sein.

... sie uns mehr Motivation verleiht

Ziele sind die Wurzel von Inspiration und Motivation. Sie sind die Bausteine des Fundaments für den persönlichen Antrieb, etwas im Leben zu vollenden. Wenn man sich ein Ziel setzt, strebt man damit einen Endpunkt an, auf den man sich freuen kann. Allein der Gedanke daran, diesen Punkt zu erreichen, gibt einem die Motivation, die man braucht, um am Ball zu bleiben und dieses Ziel zu erreichen.

Ziele verleihen uns die nötige Energie, die wir brauchen, um uns auf eine positive Richtung zu konzentrieren. Außerdem lassen sie sich leicht an Prioritäten anpassen, sofern diese sich ändern. Sie lassen sich auch direkt mit deinen innersten Wünschen verbinden, was einen umso motivierter macht, ein Ziel zu erreichen.

... sie uns die Zügel für unser Leben gibt

Die Mehrheit der heutigen Gesellschaft schlafwandelt nur durchs Leben. Selbst wenn die meisten Leute hart arbeiten, haben sie nie das Gefühl, etwas erreicht zu haben. Das ist darauf zurückzuführen, dass sie sich selbst keine Richtung vorgeben.

Wenn man sich keine Ziele setzt, verbringt man sein ganzes Leben damit, nur endlos auf und ab zu laufen, ohne etwas zu erreichen. Dadurch erfüllst du bloß die Ziele anderer und nicht deine eigenen.

Wenn du dir Ziele setzt, die sich an deinen eigenen Wünschen orientieren, kannst du aus diesem Autopiloten ausbrechen, in dem sich so viele von uns befinden. Fange an, bewusst zu leben und lasse dir nicht von anderen vorschreiben, was du tun solltest. Es ist dein Leben, also solltest du es auch proaktiv selbst in die Hand nehmen. Ziele helfen dir, selbständig zu denken und das zu erreichen, was du dir wünschst.

... sie uns ultimative Ergebnisse zeigt

Alle erfolgreichen Menschen auf dieser Welt setzen sich klare und präzise Ziele – von Sportlern über Geschäftsleute bis hin zu Künstlern und allem, was dazwischen liegt. Wenn man sich Ziele setzt, hat man eine Vision, die einen vorwärts treibt. Das wiederum gibt einem die Gewissheit, dass man mit ein wenig Anstrengung sogar noch bessere Ergebnisse erzielen kann, statt nur herumzuliegen und darauf zu warten, dass etwas passiert.

Wenn Handlungen messbar sind, gibt es einen großen Spielraum für kontinuierliche Verbesserung. Wenn man sich keine Ziele setzt, wird auch nie etwas besser laufen, weil es nichts gibt, worauf du hinarbeiten kannst, selbst wenn du dich anstrengst.

Wenn du dir Ziele setzt, ist vorausschauendes Denken der Schlüssel zum Schmieden eines umsetzbaren Plans. Denn selbst, wenn einmal etwas nicht nach Plan verläuft (und das wird passieren, glaube mir), hast du ein System, mit dem du das Erreichen dieser Ziele anpassen kannst. Schließlich steuerst du bereits auf das zu, was du dir für dein Leben vorgenommen hast.

Alles, was wir tun, wird zweimal geschaffen: einmal im Kopf und einmal in der realen Welt. Die gedankliche Erschaffung findet statt, wenn wir uns Ziele setzen, während sie in der realen Welt anzutreffen ist, wenn sich unsere harte Arbeit endlich auszahlt. Ohne eine gedankliche Zielsetzung ist es daher sehr unwahrscheinlich, dass eine physische Umsetzung erfolgt.

... wir dadurch sehr konzentriert arbeiten

Wenn deine Lebensziele eine gute Richtung vorgeben, haben deine Ziele die Kraft, dir den Fokus zu geben, den du brauchst, um genau zu wissen, wie du deine Energie und Zeit verbringen solltest.

Und genau diese Energie ist der Input, der erforderlich ist, um einen Output zu erzeugen. Mit einem Ziel vor Augen kannst du dir einen Schwerpunkt setzen und deine Energie darauf fokussieren, um eine maximale Belohnung zu erzielen.

... wir dadurch verantwortungsvoller werden

Ziele machen verantwortungsbewusst. Anstatt nur zu reden, bist du jetzt auch zum Handeln verpflichtet. Dieses Gefühl der Verantwortlichkeit gilt jedoch nur für dich, nicht für andere. Niemand sonst kennt wirklich die Ziele, die du erreichen möchtest. Und wenn deine Ziele besonders konkret sind, kannst du besser den Kurs halten.

Die goldenen Regeln der Zielsetzung

Weißt du, wo du in fünf Jahren stehen wirst? Hast du ein klares Ziel, woran du arbeiten möchtest? Weißt du, was du am Ende des Tages erreicht haben willst?

Wie du bereits gelesen hast, sind Ziele das Sprungbrett zu einem erfolgreichen Leben. Ohne sie schwimmen wir nur in einem Pool, ganz ohne Richtung und ohne Fokus. Durch Zielsetzung erlangt man die Macht, sein Leben und dessen Richtung zu kontrollieren; und man hat einen Maßstab, an dem man ablesen kann, ob man erfolgreich ist oder nicht.

Um Ziele zu erreichen, muss man wissen, wie man sie richtig festlegt. Man kann sich nicht einfach sagen, dass man etwas im Leben will und erwarten, dass es dann einfach so eintritt. Es ist ein Prozess, der damit beginnt, dass man ernsthaft darüber nachdenkt, was man sich wünscht und was man erreichen möchte. Und das erfordert Fleiß und Disziplin.

Zum Glück gibt es ein paar einfache Schritte, die dir dabei helfen können, die Besonderheiten all deiner Ziele zu erfassen. Diese Schritte sind entscheidend für deinen Gesamterfolg von Zielen, auf die du stolz sein kannst. Diese Schritte nennt man auch die „Fünf Goldenen Regeln der Zielsetzung“. Also, los gehts!

1. Setze dir Ziele, die dich motivieren

Wenn du dir Ziele für dein Leben setzt, ist es von entscheidender Bedeutung, dass du weißt, wie wichtig Motivation und Zielerreichung sind. Beide Aspekte gehen Hand in Hand, sodass du Ziele wählen solltest, die dir auch wirklich wichtig sind. Sie müssen einen gewissen Wert haben, denn wenn du kein großes Interesse am Erreichen deiner Ziele hast, werden sie irrelevant und du wirst nicht wirklich an ihnen arbeiten. Motivation ist der entscheidende Schlüssel zum Erreichen deiner Ziele.

Setze dir Ziele, die sich auf deine höchsten Prioritäten konzentrieren. Dieser Fokus hält dich auch davon ab, dass du dir zu viele Ziele setzt. Das Erreichen von Zielen erfordert Engagement. Wenn du ein Gefühl der Dringlichkeit verspürst, maximiert das deine Erfolgsquote. Wenn du dagegen das Gefühl hast, ein Ziel nicht erreichen zu *müssen*, wirst du es nur bis zur Unendlichkeit aufschieben. Das führt zu Frust, was den unmotivierten Teil in dir nur noch mehr nährt. Und das wiederum nährt die Mentalität: „Ich bin unfähig, erfolgreich zu sein".

- *Tipp: Um sicherzustellen, dass dich deine Ziele motivieren, schreibe auf,* ***warum*** *sie für dich wertvoll sind. Nutze dies als Wertaussage, wenn du anfangen solltest, an dir selbst zu zweifeln.*

2. Setze SMARTE Ziele

Vermutlich hast du schon einmal von den SMART-Zielen gehört, aber wendest du sie in deinem Leben auch an? Damit Ziele wirksam sind, müssen sie mit der SMART-Anwendung definiert werden.

- **S**pecific (Spezifisch)
- **M**easurable (Messbar)
- **A**ttainable (Erreichbar)
- **R**elevant (Angemessen)
- **T**ime Bound (Terminiert)

Setze dir Ziele, die spezifisch sind

Die Ziele, die du dir setzt, müssen gut konzipiert sein. Verallgemeinerte Ziele werden dir nicht zum Erfolg verhelfen, da sie dir keine Richtung vorgeben. Ziele weisen dir den Weg, und diesen Weg kannst du dir erleichtern, indem du deine Ziele auf das ausrichtest, was du erreichen willst.

Setze dir Ziele, die messbar sind

Wenn du dir konkrete Ziele setzt, solltest du sie mit Daten, Beträgen usw. versehen, damit du deinen Erfolg verfolgen kannst. Wenn du deinen Erfolg sehen kannst, hast du etwas, worüber du dich wirklich freuen kannst, wenn du dein Ziel tatsächlich erreichst.

Setze dir Ziele, die erreichbar sind

Vergewissere dich, dass deine Ziele auch wirklich erreichbar sind. Wenn du dir unrealistische Ziele setzt, demoralisierst du dich von vornherein und verlierst damit nur an Selbstvertrauen.

Das bedeutet allerdings auch nicht, dass man sich zu leichte Ziele setzen sollte. Wenn man sich Ziele setzt, in die man nicht viel investieren muss, fließt auch das eventuell nur in den Teufelskreis des Nichts-Erreichens ein. Wenn Sie Ziele erreichen, in die Sie nicht viel Arbeit investieren mussten, nährt dies den Kreislauf des Nicht-Erreichens in der Zukunft. Setze dir realistische, aber anspruchsvolle Ziele. Finde das Gleichgewicht. Deine Ziele sollten schon eine etwas höhere Messlatte haben, denn das sind die Ziele, die dir die größte Befriedigung verschaffen.

Setze dir Ziele, die angemessen sind

Deine Ziele sollten sich auf eine Richtung beziehen, die du in deinem Leben einschlagen willst. Wenn du deine Ziele mit deinen Wünschen in Einklang bringst, kannst du dich besser darauf konzentrieren. Wenn du dir dagegen widersprüchliche Ziele setzt, verschwendest du damit nur deine wertvolle Zeit.

Setze dir Ziele, die zeitlich festgelegt sind

All deine Ziele müssen eine Art Frist haben. Dies gibt dir einen Zeitpunkt, zu dem du feiern oder überdenken kannst. Wenn du auf eine Frist hinarbeitest, überfällt dich ein gewisses Gefühl der Dringlichkeit. Und genau dieses Gefühl braucht man, um seine Ziele schneller zu erreichen.

3. Schreibe deine Ziele auf

Durch das Aufschreiben von Zielen werden diese greifbar und real, so dass man sich nicht länger irgendwelche Ausreden einfallen lassen muss, nicht an ihnen arbeiten zu müssen. Verwende beim Aufschreiben von Zielen am besten auch Wörter wie „werde“ anstelle von „möchte“.

Umrahme dein Ziel mit einer positiven Aussage. Zum Beispiel:

- „Ich werde an Mitarbeitern aus dem ersten Quartal festhalten“ anstelle von „Ich werde die Fluktuationsrate senken“. Der erste Satz ist motivierender, während der zweite nur eine Ausstiegsklausel für Erfolg ist.

Tipp: Erstelle eine To-Do-Liste mit deinen ganz persönlichen Zielen. Dabei kannst du die Ziele, die ganz oben stehen, als oberste Priorität ansehen.

Hänge deine schriftlichen Ziele an einem Ort auf, wo du jeden Tag daran erinnert wirst, was du erreichen willst. Hafte sie an den Kühlschrank, Spiegel, Computer, Schreibtisch, an die Wand usw.

4. Erstelle einen Schlachtplan

Dies ist ein häufig übersehener Schritt bei der Planung von Zielen. Wir konzentrieren uns oft so sehr auf das Ergebnis, das wir glatt vergessen, alle Schritte zu planen, die wir bis zur Erfüllung dieser Wünsche erst einmal unternehmen müssen.

Schreibe jeden einzelnen Schritt auf und streiche ihn durch, wenn Sie ihn geschafft hast. So siehst du, dass du tatsächlich Fortschritte machst und deinem Ziel ein Stück näher kommst. Das ist sehr wichtig, vor allem bei langfristigen Zielen.

5. Dranbleiben

Zielsetzung und -planung ist eine Tätigkeit, die dich für den Rest deines Lebens begleiten wird. Betrachte sie nicht als Mittel zum Zweck. Sie erinnern dich immer wieder daran, auf dem richtigen Kurs zu bleiben, um dein Ziel zu erreichen. Auch wenn dein Ziel für viele Jahre ähnlich aussehen mag, wirst du feststellen, dass sich der Weg, wie du dorthin gelangst, immer wieder ändern wird. Stelle nur sicher, dass deine Ziele relevant und für dich von Bedeutung bleiben.

Sich Ziele setzen ist so viel mehr als nur zu sagen, dass man etwas erreichen möchte. Wenn du weiterhin ohne konkrete Ziele vor dich hin leben möchtest, ohne dir darüber im Klaren zu sein, was du wirklich willst, hast du nur geringe Chancen, erfolgreich zu sein. Doch wenn du diese goldenen Regeln für die Zielsetzung befolgst, wirst du das Selbstvertrauen gewinnen, das du brauchst, um ein Erfolgserlebnis zu genießen und das zu tun, was du tun willst. Was wirst du heute erreichen?

Sind deine Ziele auch wirklich *deine* Ziele?

Wenn du dich ständig dabei ertappst, nach den Sternen zu greifen, aber nie wirklich deine Ziele zu erreichen, wirst du vielleicht überrascht sein, wenn du feststellst, dass deine Ziele nicht wirklich *deine* sind. Aber wie kann das sein? Das passiert oft, weil wir viele Ideen und Überzeugungen haben, die uns die Gesellschaft seit unserem ersten Schritt auf Erden vorlebt.

Wenn du dich hinsetzt und deine Ziele aufschreibst, solltest du erst einmal alles aufschreiben, was dir in den Sinn kommt – ohne zu zögern. Ich persönlich habe ein spezielles Tagebuch für meine Ziele und benutze Haftnotizen, um Abschnitte zu kennzeichnen. Wenn du deinen wahren Wünschen auf den Grund gehen willst, schreibe ohne Ablenkung.

Nachdem du eine Liste mit potenziellen Zielen erstellt hast, gibt es zwei Möglichkeiten, wie du herausfinden kannst, ob es wirklich *deine* Ziele sind oder nicht.

Eine Möglichkeit besteht darin, das Geschriebene noch einmal durchzugehen und für jedes Ziel spezielle Angaben zu machen. Das hilft dir dabei, deine Wünsche genau zu formulieren. Dadurch erhältst du entweder das, was du dir wünschst oder du wirst feststellen, dass es eigentlich nichts ist, was du wirklich willst. Wenn du zum Beispiel ein neues Auto haben willst, aber nicht alle Faktoren berücksichtigst, kann es sein, dass du dir ein Auto anschaffst, das eine totale Schrottkarre ist oder einen schlechten Benzinverbrauch hat. Das liegt daran, dass du nicht aufgelistet hast, was du dir wirklich von diesem Auto erhoffst.

Wenn du jedes schriftliche Ziel bis ins kleinste Detail auflistest, wirst du feststellen, dass dir einige Dinge leicht fallen, andere hingegen nicht. Das ist ein guter Hinweis darauf, dass du auf ein bestimmtes Ziel vielleicht lieber verzichten solltest. Achte genau darauf, wie leicht dir bestimmte Ziele und die dazugehörigen Schritte fallen. Ziele, die dir dagegen schwer fallen, solltest du auf einem separaten Blatt Papier notieren.

Die andere Möglichkeit wäre, deine Ziele nach dem Aufschreiben noch einmal durchzugehen und einfach alle Punkte zu streichen, die dir nicht zusagen. Wenn du dann bestimmte Ziele gestrichen hast, kannst du mit den verbleibenden arbeiten.

Definiere die einzelnen Elemente von jedem Ziel, das nun noch auf deiner Liste steht. Glaubst du, dass du dieses Ziel erreichen kannst? Ist es sinnvoll, dieses Ziel anzustreben? Ist es ein Ziel von dir oder von deinen Eltern?

Wenn du alles auflistest, was ein Ziel ist, samt aller Einzelheiten, wie du dieses Ziel erreichen kannst, ist es viel wahrscheinlicher, dass es dein eigenes Ziel ist, als eines, bei dem du Schwierigkeiten hast. Wenn du beim Aufschreiben Freude empfindest, sind es deine Ziele. Wenn es dir dagegen an Emotionen mangelt, sind es wahrscheinlich nicht deine Ziele.

Was deine Zielplanung durcheinander bringen kann

Da du nun erkannt hast, dass es eigentlich nicht deine Bemühungen sind, die dich vom Erreichen deines Ziels abhalten, sondern eher das Ziel selbst, ist es wichtig zu wissen, inwiefern Menschen dazu neigen, ihrer eigenen Zielsetzung einen Strich durch die Rechnung zu machen. Hier sind einige Beispiele dafür, wie Leute ihre Ziele falsch planen:

- **Ziele, die nicht realisierbar sind**

Selbst wenn du dich absolut großartig fühlst, schadest du dir nur damit, wenn du dir ehrgeizige Ziele setzt, die nicht realistisch sind. Es ist wichtig, sich hohe Ziele zu setzen, aber trotzdem müssen sie in Reichweite sein.

- **Der Versuch, alles gleichzeitig zu tun**

Wenn du dich auf Ziele konzentrierst, die breit gefächert sind, bekommt quasi nichts die Aufmerksamkeit, die es verdient. Es kann schnell passieren, dass man sich von einer Sache zur nächsten hangelt, ohne wirklich voranzukommen. Wenn man zu viel auf einmal versucht, erreicht man am Ende leider gar nichts.

- **Sich die Gedanken anderer zu Herzen nehmen**

Es ist wichtig, dass du alle deine Ziele mit deinem eigenen Herzen und Verstand verfolgst. Wenn du dir Sorgen darüber machst, was andere von dem halten, was du tust, lenkt dich das nur davon ab, dich auf das Erreichen deiner Ziele zu konzentrieren. Und wenn du zu viel Wert auf die Gedanken anderer legst, kann es sein, dass du anfängst daran zu zweifeln, ob deine Ziele auch wirklich *deine* sind. Lasse dich nicht davon abhalten, nach den Sternen zu greifen.

- **Verharmlosung von Fristen**

Effektive Ziele sollten immer mit einem gewissen Zeitrahmen verbunden sein, damit du dich selbst verantwortlich machen kannst. Wenn du dir nicht genügend Zeit nimmst, die von dir selbst geforderten Dinge zu tun, wirst du deine Ziele – wenn überhaupt – nur selten erreichen. Lasse dich davon jedoch nicht entmutigen, sondern überdenke deinen Zeitplan und nimm entsprechende Anpassungen vor, um deine Ziele zu erreichen.

- **Unkenntnis des Misserfolgs**

Auch wenn man versucht, es zu vermeiden, gehört Scheitern zu jedem Ziel dazu. Nutze diese Erkenntnisse aus Misserfolgen, denn sonst verlierst du dich in einem Trott, der immer mit einer Lose-Lose-Situation endet. Betrachte Scheitern nicht als etwas Negatives, sondern als eine Möglichkeit, vorwärts zu kommen, oder wie ich es gerne nenne: „vorwärts zu scheitern“. Scheitern bietet einem die Chance, neu anzufangen, aber auf klügere Art. Ein Misserfolg ist nur ein Ereignis und nicht das, was dich als Mensch ausmacht.

- **Versäumnis der Revision und Bewertung**

Während der Woche solltest du etwas Zeit einplanen, um dir noch einmal anzusehen, was du erreichen willst und wie du es erreichen willst. Eine solche Überprüfung ist für den Zielplanungsprozess unerlässlich.

- **Negative Einstellung**

Negativität ist eine Mauer, die zwischen dir und der Möglichkeit steht, etwas zu erreichen. Somit kann sie dich auch an der Planung positiver Ziele hindern. Eine schlechte Einstellung ist wie ein platter Reifen. Solange man ihn nicht wechselt, kommt man nicht sehr weit. Negativität ist eine Behinderung, die viele mit sich herumtragen und daran hindert, so toll zu sein, wie sie sein könnten.

- **Zu viele Ziele auf einmal**

Ich weiß, viele Ziele klingen zunächst nicht schlecht, oder? Das Problem ist nur, dass zu viele Ziele zu einer zu großen Verantwortung werden können. Zu viele Ziele können dafür sorgen, dass sie viel zu weit auseinander liegen und keinen richtigen Fokus zulassen. Wenn du all deine Energie rechtfertigen musst, wirst du feststellen, dass du nie ganz am Ziel ankommen wirst. Genau aus diesem Grund ist es unglaublich wichtig, sich wenige, aber feste Ziele zu setzen. Dies ist der erste Schritt in Richtung Großartigkeit und zum Erreichen erstaunlicher Ziele!

Ziel*setzung* vs. Erstellung von Ziel*systemen*

Wir alle streben nach verschiedenen Dingen im Leben. Von der Gründung einer großen Familie über bessere Fitness bis hin zum beruflichen Aufstieg und allem, was dazwischen liegt. Der Weg zu all diesen Dingen führt für die meisten von uns über die Festlegung spezifischer Ziele, die wir dann umsetzen.

So geht jeder an seine Lebensziele heran. Man setzt sich Ziele für bestimmte Dinge, die man erreichen will. Wenn es jedoch darum geht, die einzelnen Schritte bis zum Erreichen des Ziels auszuführen, gibt es einen feinen Unterschied zwischen System und Ziel.

Zum Beispiel:

- - Wenn du Unternehmer*in bist, ist es dein Ziel, ein Millionengeschäft aufzubauen. Dein System ist dein Marketing- und Verkaufsprozess.
- Wenn du Schriftsteller*in bist, ist es dein Ziel, ein Buch zu schreiben. Hier besteht dein System darin, einen Schreibplan zu erstellen, den du befolgst.
- Wenn du Trainer*in bist, ist es dein Ziel, dass deine Mannschaft die Meisterschaft gewinnt. Dein System ist hier ein Trainingsplan, den dein Team verfolgt.

Siehst du den Unterschied? Wenn du deine Ziele ignorierst und deine Energie nur auf ein System konzentrierst, würdest du dann immer noch die gewünschten Ergebnisse erzielen? Wenn du zum Beispiel Trainer*in eines Basketballteams wärst und das Ziel, die Meisterschaft zu gewinnen, völlig ignorierst und dich nur darauf konzentrierst, was dein Team im Training macht, würdest du dann immer noch Ergebnisse erzielen? Ich denke schon.

Gründe für die Konzentration auf Zielsysteme und nicht nur auf Ziele

- **Ziele verschlechtern die aktuelle Gemütslage**

Wenn du fleißig auf ein Ziel hinarbeitest, sagst du dir selbst, dass du noch nicht gut genug bist, aber es sein wirst, sobald du das Ziel erreicht hast. Diese Denkweise hat jedoch einen Haken, denn damit bringst du dir selbst bei, Glück und Erfolg aufzuschieben, bis du den nächsten Meilenstein erreicht hast. Du sagst dir im Grunde, dass du erst glücklich oder erfolgreich sein wirst, wenn du dein Ziel erreicht hast.

Deshalb solltest du dich auch auf den Prozess konzentrieren, und nicht nur auf das Ziel. Wenn du dir ein Ziel setzt, liegt eine Art Last auf deinen Schultern, bei der wir unnötigen Stress empfinden, um erfolgreich zu sein. Mit einem System kannst du es dir jedoch viel einfacher machen, indem du dich auf deine täglichen Aufgaben und Prozesse konzentrierst.

- **Ziele stehen mit langfristigem Fortschritt im Widerspruch**

Oft wird uns beigebracht zu glauben, dass Ziele uns über einen langen Zeitraum motivieren, aber das stimmt meistens gar nicht.

Stell dir zum Beispiel vor, du trainierst für einen Marathon. Die Läufer trainieren monatelang, um sich auf ein solches Event vorzubereiten, aber sobald das Rennen vorbei ist, hören sie mit dem Training auf. Ihr Ziel war es nur, beim Marathon mitzulaufen, und da er nun zuende ist, gibt es kein Ziel mehr, das sie motiviert. Wenn du daher all die harte Arbeit und Energie auf ein bestimmtes Ziel konzentrierst, was bleibt dann noch übrig, um dich weiterhin zu motivieren?

Das führt zu dem, was ich gerne als „Jo-Jo-Effekt" bezeichne, weil die Leute zwischen dem Erreichen von Zielen und Nichtstun hin und her springen. Hier ist es schwierig, eine langfristige Motivation aufzubauen. Darum sollte man auch nicht darauf beharren, sofortige Ergebnisse erzielen zu wollen. Eine zielorientierte Mentalität sagt dir, dass du etwas zu Ende bringen musst, um ein Ziel zu erreichen; damit du dich nicht als Versager fühlst. Systemorientierte Mentalitäten hingegen haben kein Problem damit, auch nach einem Ziel weiterzumachen, da es hier nicht darum geht, eine bestimmte Zahl zu erreichen.

- **Durch Ziele kann man glauben, man hätte Kontrolle über Dinge, die man nicht kontrollieren kann**

Leider können wir nicht in die Zukunft schauen - zumindest noch nicht. Doch jedes Mal, wenn wir uns ein Ziel setzen, tun wir genau das. Wir versuchen zu planen, wo wir bis zu einem bestimmten Zeitpunkt sein wollen und tun unser Bestes, um unser Ziel bis dahin zu erreichen. Darüber hinaus versuchen wir vorherzusagen, wie schnell wir Fortschritte machen werden, auch wenn wir gewisse Umstände gar nicht kennen, die eintreten können.

Aus diesem Grund ist Feedback für einen langfristigen Erfolg sehr wichtig. Es ist wichtig für den Aufbau eines guten Systems, um verschiedene Aspekte zu verfolgen, ohne sich unter Druck gesetzt zu fühlen. Baue ein System auf, das dir signalisiert, wann du Anpassungen vornehmen musst, anstatt zu versuchen, Vorhersagen zu treffen.

Pessimistische und aufdringliche Gedanken durchbrechen

Bestimmt hat dir schon einmal jemand zu dir gesagt: *„Sieh es positiv!"* oder *„Sieh dein Glas als halb voll und nicht als halb leer."* Bevor ich mir einen positiveren Lebensstil angewöhnt habe, rollte ich bei solchen Kommentaren nur mit den Augen oder ging mit einem schweren Seufzer weg. Die Wissenschaft findet jedoch immer mehr Beweise dafür, dass ein optimistischer Lebensstil sowohl für den Geist als auch für den Körper von großem Nutzen ist.

Vorteile von Positivität für den Körper

Positives Denken allein hat bereits eine ganze Menge gesundheitlicher Vorteile, die dein Wohlbefinden in vielerlei Hinsicht drastisch verändern können. Wenn du deine Sichtweise änderst, bleibt nicht nur dein Verstand in Topform, sondern auch dein Körper wird durch konzentriertere und positivere Emotionen gestärkt.

- **Längere Lebenserwartung**

Es ist erwiesen, dass ein optimistisches Verhalten den Alterungsprozess buchstäblich verringern kann, wodurch sich deine Lebenserwartung verlängert. Mit einer positiver Denkweise ist es viel unwahrscheinlicher, dass man an ernsthaften Erkrankungen wie Krebs stirbt. Pessimismus erzeugt Stress, der u.a. zu Herzkrankheiten führen kann.

- **Stärkt das Immunsystem**

Wenn du nicht gerne krank bist, ist positives Denken nicht nur eine viel günstigere Alternative zu rezeptfreien Medikamenten, sondern auch ein natürliches Mittel, das viel besser wirkt als es Medikamente je könnten. Wenn du ständig negativ denkst, ist es viel wahrscheinlicher, dass du an Erkältungen und Grippe erkankst, denn Negativität schwächt wichtige Bereiche des Gehirns, die für die Reaktionen des Immunsystems wichtig sind.

- **Bessere Krankheitsbewältigung**

Wenn du einmal krank bist, hilft dir eine positive Einstellung dabei, die Krankheit schneller wieder loszuwerden und dich von einem Leiden oder einer Operationen schneller zu erholen. Wenn du an einer schweren Krankheit leidest, ist es vielleicht an der Zeit, dein Wohlbefinden mit einer einfachen Änderung deiner Lebenseinstellung zu verbessern.

- **Vitale Gesundheit**

Mit Optimismus ist man weniger anfällig für Krankheiten wie Angst und Depression, die einem positive Energie rauben. Somit kommt eine positive Einstellung nicht nur dem Körper zugute, sondern auch deinem Geist und deiner allgemeinen körperlichen Gesundheit!

Vorteile von Positivität für den Geist

- **Bekämpft Depressionen**

Psychologen fanden heraus, dass Depressionen stark mit einer negativen Denkweise verbunden sind. Wenn man daher seinen Blickwinkel ändert und das Positive sieht, anstatt sich nur auf die pessimistischen Aspekte zu konzentrieren, kann die Entwicklung einer Depression um 54% besser bekämpft werden. Positivität verbessert die Stimmung in jeder Situation und wirkt bei der Behandlung von Depressionen besser als fast alle anderen Therapien.

- **Besserer Umgang mit schwierigen Situationen**

Das Leben stellt uns unweigerlich schonmal öfters vor Herausforderungen, denen wir uns irgendwann stellen müssen. Mit einer positiven Denkweise kann man mit diesem auftretenden Stress besser umgehen. Das heißt, selbst wenn etwas unmöglich erscheint, kannst du dir einfach sagen, dass du es etwas anders angehen solltest, um die Hürde zu überwinden!

- **Stärkt das Selbstbewusstsein**

Positiv denkende Menschen sind von Natur aus selbstbewusster und wollen demnach auch keine Zeit damit verschwenden, so zu tun, als würden sie in den Schuhen einer anderen Person stecken. Stattdessen wollen sie sich so lieben können, wie sie sind, was wiederum das Selbstbewusstsein stärkt.

- **Befähigt zu Erfolg**

Optimistische Menschen sind eher in der Lage, sich auf das Gute zu konzentrieren, als auf ihre Misserfolge zurückzublicken. Außerdem sehen sie Misserfolge nicht als Schwächen, sondern als hervorragende Gelegenheit zum Lernen und Wachsen. Sie sind offen dafür, neue Dinge auszuprobieren und andere Denkweisen anzunehmen. Dies ist wesentlicher Bestandteil eines erfüllten Lebens.

- **Macht glücklich**

Positive Menschen sind viel produktiver und leben daher ein glücklicheres und erfüllteres Leben. Hierbei geht es vor allem um das Gesetz der Anziehung. Wer positiv denkt, zieht damit auch positive Ereignisse im Leben an! Wenn du dankbar für das bist, was du im Leben hast, wirst du umso mehr Dinge erhalten, für die du dankbar sein kannst. Höre also auf, dich auf deine Probleme zu konzentrieren und besinne dich stattdessen auf das, was du hast und was du bisher erreicht hast. Das bringt von ganz alleine positive Veränderungen mit sich.

- **Macht motiviert**

Eine positive Einstellung hebt die Motivation, Ziele in Angriff zu nehmen. Du wirst feststellen, dass du mit einer optimistischen

Einstellung viel schneller und einfacher an dein Ziel kommst, als wenn du im Negativen verharrst.

- **Lässt einen das Gute im Leben erkennen**

Viele Menschen leben einfach nur vor sich hin und sind sich gar nicht bewusst, mit was sie wirklich gesegnet sind. Sie nehmen viele Dinge als selbstverständlich hin, für die sie eigentlich sehr dankbar sein sollten. Wie du vorhin gelesen hast, ziehst du an, was du bist. Mit anderen Worten: *„Du erntest, was du säst."*

Wenn man sein Leben lang nur jammert und einem „verlorenen Schicksal" nachtrauert, das man noch nicht einmal zu erfüllen versucht hat, geht man mit wenig bis gar keiner Wertschätzung für seinen Besitztum durchs Leben und läuft Gefahr, noch mehr zu verlieren. Wenn man das immer wieder zulässt, ist es ein ewiger Teufelskreis.

Wertschätzung und Dankbarkeit bescheren viele gute Gelegenheiten im Leben, also lerne, das zu sehen, womit du tatsächlich gesegnet bist.

Vorteile von Positivität in Beziehungen

- **Bessere Beziehungen**

Mit einer positiveren Einstellung wirst du feststellen, dass sich auch die Qualität der Menschen, denen du begegnest, allmählich verändert. Außerdem werden dir positive Eigenschaften von anderen Menschen in deinem Leben auffallen, darunter auch von Fremden, an denen du vorbeigehst.

Du wirst die Fehler von anderen besser ignorieren können, was dir viel Raum gibt, um bedeutungsvolle Freundschaften und Beziehungen mit guten Menschen aufzubauen. Mit einer optimistischen Einstellung macht das Zusammensein viel mehr Spaß.

- **Besserer erster Eindruck**

Wenn du im Alltag auf eine positive Einstellung achtest, wirst du von ganz alleine gleichgesinnte Menschen anziehen. Der erste Eindruck ist wichtig und kann dir helfen, wichtige Beziehungen zu knüpfen, die dir später im Leben zu Erfolg verhelfen können. Sieh es als Fundament für zukünftige Größe!

Vorteile von Positivität für deinen Erfolg

- **Wandelt Probleme in Chancen**

Als ich die Negativität in meinem Alltag gegen Optimismus eintauschte, fiel mir vor allem auf, wie blind mich mein Pessimismus gemacht hatte. Er legte buchstäblich eine Augenbinde über meinen gesamten Verstand. Als ich mich dann der Positivität zuwandte, sah ich meine Tasse halb voll und nicht mehr halb leer. Ich fing an, Lösungen für Probleme zu sehen, die ich vorher nie gelöst hätte. Dadurch konnte ich viele neue Möglichkeiten nutzen und an ihnen wachsen. Egal, was du denkst, alle Probleme können gelöst werden. Das erkennt man jedoch erst, wenn man die Augenbinde der Negativität abnimmt.

- **Von Natur aus belastbarer**

Wenn man mit einem Problem konfrontiert wird, können positiv denkende Menschen alles tun, was nötig ist, um das Problem zu lösen. Sie zögern auch nicht, andere Menschen um Hilfe zu bitten. In extrem negativen Situationen, wie z. B. bei einer Naturkatastrophe, fanden Forscher heraus, dass positive Emotionen dazu ermutigen, zu überleben und sich gegenseitig zu unterstützen.

Belastbarkeit ist etwas, das man kultivieren kann, wenn man positive Gedanken und Gefühle pflegt, vor allem, wenn man mit schrecklichen Ereignissen konfrontiert wird. Positivität spielt eine große Rolle bei der Bewältigung von Stress, dem Bekämpfen von Depressionen und beim Aufbau von Bewältigungsfähigkeiten, die man braucht, um zu überleben und in der Zukunft zu dienen.

Eine veränderte Einstellung für eine positive Denkweise

Wie du bisher gelernt hast, hält uns eine negative Lebenseinstellung davon ab, glücklich zu sein und beeinflusst alles, womit wir täglich zu tun haben. Wissenschaftlich gesehen gibt es mehr als genug Beweise dafür, wie sich eine positive Lebenseinstellung auf Glücksempfinden und Erfolg auswirkt. Wenn du dir Positivität zur Gewohnheit machst und kleine Veränderungen vornimmst, kannst du dein Leben und deine Einstellung gegenüber der Welt drastisch verändern.

Dein Leben ist ein direktes Spiegelbild deiner allgemeinen Einstellung. Es ist ein Leichtes – fast schon zu leicht – die Welt zynisch zu betrachten und als ein Chaos aus Ungerechtigkeit und Tragödie zu sehen, vor allem dank der Medien, vor denen wir alle viele Stunden am Tag verbringen.

Negativität hält einen davon ab, sein Leben wirklich genießen zu können und hat auch einen großen Einfluss auf deine Umwelt. Die Energie, die Menschen mitbringen – ja, auch deine – ist sehr ansteckend. Eine der besten Dinge im Leben, die dazu auch noch kostenlos ist, ist eine positive Einstellung. Das ist besonders nützlich in einer Welt, die sich nach Negativität sehnt.

Eines meiner Lieblingszitate aller Zeiten stammt vom King of Pop, Michael Jackson: *„Wenn du die Welt zu einem besseren Ort machen willst, sieh dich selbst an und ändere etwas.“*

Menschen sind Gewohnheitstiere. In diesem Kapitel werden wir kleine, aber bedeutsame Veränderungen skizzieren, die du vornehmen kannst, um positive Gewohnheiten zu bilden, die deine allgemeine Lebenseinstellung drastisch verändern können.

Lächeln

Wenn man uns fragt, an wen wir die meiste Zeit denken, ist die ehrlichste Antwort vermutlich: an uns selbst, oder? Das ist ganz natürlich, sodass du deswegen überhaupt kein schlechtes Gewissen haben musst! Es ist gut, dass wir selbst Verantwortung für uns übernehmen. Dennoch ist es wichtig, sich selbst wenigstens für Augenblick am Tag in den Hintergrund zu stellen, um eine andere Person zum Lächeln zu bringen.

Denke nur einmal daran, wie es ist, wenn man jemand anderen glücklich macht und wie man von diesem wohlig warmen Gefühl umgeben wird, wenn man selbst glücklich ist. Wir sind uns gar nicht bewusst, was für Auswirkungen es auf unsere Mitmenschen haben kann, wenn wir jemand anderen zum Lächeln bringen. Außerdem kostet ein Lächeln nichts und trainiert sogar noch die Gesichtsmuskeln!

Weise auf Lösungen und nicht auf Probleme hin

Positivität akzeptieren bedeutet nicht, dass man Problemen aus dem Weg gehen muss. Man lernt, mit Kritik anders umzugehen. Wer positiv bleibt, übt Kritik mit dem Ziel, etwas zu verbessern. Wenn du auf Probleme mit Menschen oder Situationen hinweisen möchtest, solltest du lernen, deine Bemühungen auf mögliche Lösungen zu richten. Du wirst feststellen, dass ein Aufzeigen von Lösungen bei allen Beteiligten ein positiveres Gefühl hervorruft.

Bemerke den Aufstieg, nicht den Fall

Viele von uns sind allein deshalb schon negativ eingestellt, weil wir uns zu sehr mit dem Hass und der Gewalt der täglichen Medien beschäftigen. Was wir dabei jedoch übersehen, sind die Leute, die Mitgefühl zeigen und anderen Liebe schenken. Das sind die

Geschichten, in die du dich vertiefen solltest. Wenn du moderne Helden im Alltag findest, spürt man natürlich mehr Hoffnung, selbst in schwierigen Zeiten.

Durchatmen

Unsere Emotionen sind tatsächlich auch mit unserer Atmung verbunden. Überlege mal, wann du schon einmal deinen Atem angehalten hast. Vielleicht warst du sehr konzentriert, aufgeregt oder ängstlich. Unsere Atmung ändert sich je nachdem, , wie wir uns fühlen, sodass sie auch die Macht hat, unsere Gefühle zu verändern!

Lasse dich von der Negativität anderer nicht herunterziehen

Bestimmt bist du schon einmal gut gelaunt zur Arbeit gegangen und hast dich auf den Tag gefreut, bis ein Kollege oder eine Kollegin diese gute Laune ruiniert. Es wird über jede Kleinigkeit genörgelt, egal ob über das Wetter, andere Mitarbeiter, ein nicht gut gelaufenes Wochenende usw.

Es ist ganz natürlich, dieser Meinung zuzustimmen, besonders wenn man Konflikte meiden will. Doch damit lässt man sich nur in *ihren* negativen Gefühlen ertränken. Tappe nicht in diese Falle.

Ja, es kann zu Konflikten kommen, aber bitte bestätige die Beschwerden von Freunden, Familienmitgliedern oder Kollegen beim nächsten Mal nicht mehr, denn wenn sie weniger Leute haben, bei denen sie sich beschweren können, ist die Wahrscheinlichkeit geringer, dass sie sich in Zukunft negativ äußern.

Tausche Müssen mit Dürfen

Ich bin sicher, dass du oft nicht bemerkst, wie oft wir uns eigentlich sagen, dass wir etwas tun *müssen.*

- *„Ich muss zur Arbeit.“*
- *„Ich muss einkaufen.“*

- *„Ich muss Miete zahlen."*
- *„Ich muss den Rasen mähen."*

Du verstehst schon. Aber sieh dir nur einmal an, was passiert, wenn du das Wort müssen mit dem Wort *dürfen* ersetzt.

- *„Ich darf arbeiten."*
- *„Ich darf einkaufen."*
- *„Ich darf Miete zahlen."*
- *„Ich darf den Rasen mähen."*

Siehst du die drastische Veränderung in dieser Denkweise? Statt gewisse Verpflichtungen erfüllen zu müssen, bist du jetzt *dankbar*, diese Dinge in deinem Leben zu haben. Das bedeutet:

- Du hast einen Job, zu dem du jeden Tag fahren kannst
- Du hast genügend Geld, um dich und deine Familie zu versorgen
- Du hast ein Dach über dem Kopf
- Du hast einen schönen Garten

Durch diese einfache Veränderung wirst du bereits spüren, wie sich die Wärme des Glücks an dich schmiegt und die kalte Stressmantel von dir abfällt.

Beschreibe dein Leben mit positiven Worten

Die Wahl unseres Wortschatzes hat viel mehr Einfluss auf unser Leben, als uns bewusst ist. Die Art, wie du über dein Leben sprichst, ist für die Adaption von Positivität von großer Bedeutung, denn dein Verstand hört, was du laut aussprichst.

Wenn du dein Leben als langweilig, hektisch, chaotisch und/oder alltäglich beschreibst, wirst du es auch weiterhin so wahrnehmen. Das wirkt sich direkt auf deine geistige und körperliche Gesundheit aus.

Wenn du dein Leben stattdessen als aktiv, lebendig, vertraut, schlicht usw. beschreibst, wird sich deine Sichtweise ändern und du wirst mehr Freude daran finden, wie du dein Leben gestalten willst.

Meistere Zurückweisung

Du musst lernen, mit Ablehnung umzugehen. Sieh den Umgang mit Ablehnung als eine *Fähigkeit* an. Anstatt gescheiterte Vorstellungsgespräche und gebrochene Herzen als Misserfolge zu betrachten, sieh sie als Gelegenheiten zum Üben, damit du für zukünftige Situationen besser gewappnet bist. Auch wenn du versuchst, Ablehnungen zu umgehen, sind sie letzten Endes unvermeidlich. Lasse nicht zu, dass sie dich von innen heraus zermürbt.

Gestalte Herausforderungen um

Hör auf, dir vorzustellen, dass dein Leben voller Sackgassen ist. Betrachte all deine Fehler vielmehr als Chance, dich neu auszurichten. Es gibt fast nichts im Leben, das wir wirklich zu 100 Prozent kontrollieren können. Wenn du daher zulässt, dass unkontrollierbare Erfahrungen dein Leben beherrschen, wirst du irgendwann buchstäblich zu Brei werden.

Was du kontrollieren kannst, ist der Aufwand, den du für gewisse Dinge aufbringst, ohne ihn zu bereuen! Wenn du Spaß an Herausforderungen hast, lässt du dich viel eher auf ein Abenteuer und das Unbekannte ein, was dir in Zukunft viel mehr Raum zum Wachsen, Lernen und *Erfolg* bietet.

Führe ein Dankbarkeitstagebuch

Es gibt Tage, an denen eine einzige Situation den ganzen Tag zum Entgleisen bringen kann. Egal, ob es sich um eine unangenehme Interaktion oder eine Situation handelt, die am Abend zuvor passiert ist – unsere Gedanken klammern sich an diese negativen Aspekte des Tages.

Ich bin sicher, dass du bereits auf vielen Seiten gelesen hast, wie hilfreich das Führen eines Dankbarkeitstagebuchs ist. Wenn es dir so geht wie mir, denkst du jetzt sicher auch, das sei totaler Quatsch – bis ich damit anfing. Ich habe mir vorgenommen, jeden Tag mindestens fünf Dinge aufzuschreiben, für die ich wirklich dankbar bin. Es ist sogar wissenschaftlich erwiesen, dass Dankbarkeit mit Glück und Stressabbau in Zusammenhang steht.

Und darum möchte ich auch *dich* dazu animieren, jeden Tag ein paar Dinge aufzuschreiben, die du wirklich schätzt und für die du dankbar bist. Selbst an schlimmen Tagen gibt es etwas, worüber man sich freuen kann!

Werde zu deinem eigenen Positivitäts-Helden

Hast du dich schon immer gefragt, *wie zur Hölle* sehr erfolgreiche Menschen ihr Glas immer halb voll sehen können, während du dich abmühst, um gleiche Ergebnisse zu erzielen? Einer der vielen Schlüssel zum Erfolg ist die Kunst des positiven Denkens, die erfolgreiche Menschen beherrschen. Sie haben durchgehend eine positive Lebenseinstellung und haben jeden Tag positive Vorsätze, die sie schneller in die gewünschte Richtung bringen.

Aber *wie* machen sie das? In diesem Kapitel sehen wir uns an, mit welchen Methoden positive Menschen optimistisch bleiben und wie das zu ihrem allgemeinen Erfolg beiträgt!

Übe täglich

Ob du es glaubst oder nicht, erfolgreiche Menschen wissen, wie wichtig es ist, auf sich selbst zu achten. Sie wissen, was ihrem Leben und ihrer Arbeit bevorsteht, wenn sie sich selbst in den Ruin treiben. Das bedeutet, dass diese Menschen das tun, was sie wirklich glücklich macht, ohne sich zu überanstrengen.

Nimm dir diesen Tipp zu Herzen und mach es dir zur Gewohnheit, jeden Tag etwas für dich zu tun, um deinen Erfolg im Leben zu fördern. Egal, ob du dich für einen Kurs anmeldest oder ins Fitnessstudio gehst, wenn du dir Zeit für dich nimmst, kannst du dich neu motivieren und produktiv sein.

Absorbiere Inspirationen

Positive Menschen haben gelernt, negative Energie zu meiden und sie nicht zu tolerieren. Viele Menschen vergleichen dunkle und traurige Ereignisse oft mit etwas Negativem, doch das ist ein völlig falsches Konzept. Manche „dunkle“ und „tragische“ Erfahrungen können in gewisser Weise sogar schön sein.

Allerdings hast du selbst die Macht, darüber zu entscheiden, welche „dunklen“ Dinge du im Leben zulässt. Zusehen, wie Menschen im Fernsehen verprügelt werden oder wie Politiker irgendwelche unschönen Reden schwingen ist natürlich nicht die beste Kost, die man sich geben sollte. Sei dir bewusst, dass es da draußen einiges an Material gibt, das absolut Unnütz ist. Wer Positivität ausstrahlt, ist sich dessen bewusst und verbringt seine Zeit lieber mit Dingen, die einen im Leben weiterbringen.

Gib Komplimente

Ich bin sicher, dass du in deinem Leben schon Gespräche geführt hast, bei denen du dir gewünscht hast, diese Beziehung weiter ausbauen zu können. Ein weiterer positiver Aspekt von erfolgreichen Menschen ist, dass sie die Kunst der Komplimente erlernt haben und wissen, wie man den „Komplimenttanz“ aufführt. Das bedeutet, dass diese Leute in der Lage sind, Komplimente zu machen und auch mit Anmut anzunehmen. Echte Komplimente bereiten erfolgreichen und positiven Menschen viel Freude und sie lieben es, ihre positive Einstellung mit anderen zu teilen.

Umgib dich mit positiven Menschen

Die Wahrheit ist, dass negative Menschen Pessimismus *schüren*, während positive Menschen ganz eindeutig Optimismus zum Vorschein bringen. Je mehr positive Menschen du um dich herum hast, desto motivierter wirst du sein, deine Ziele zu erreichen und erfolgreich zu sein.

Betrachte Misserfolge als Lektion und nicht als Fehler

Erfolgreiche Menschen haben gelernt, völlig anders zu denken, wenn schlechte Dinge in ihrem Leben passieren. Von kleinen Fehlern bis hin zu großen Misserfolgen haben sie gelernt, sich wieder aufzurappeln, sich abzustauben und diese Erfahrungen als Sprungbrett für Verbesserungen in der Zukunft zu sehen.

Wenn du schlechte Erfahrungen immer als negativ ansiehst, verschwendest du nur Zeit und Energie, die du eigentlich in Lernen und Vorwärtskommen investieren könntest. Siehe Fehler als eine Lektion an und betrachte deine Misserfolge als ständiges Wachstum.

Spiele eifrig das „Wertschätzungsspiel"

Wie bereits erwähnt sind Wertschätzung und Dankbarkeit sehr wichtig für ein positives Leben. Sei den ganzen Tag über achtsam und finde aktiv Dinge, für die du dankbar bist. Wenn du durch deine Nachbarschaft gehst, sage dir: „Ich bin dankbar für das heutige Wetter" oder „Ich bin dankbar für das tolle Gespräch, das ich mit meinem Kumpel am Telefon geführt habe".

Das mag anfangs seltsam erscheinen, aber wenn du es dir zur Gewohnheit machst, wirst du sehen, dass aktive Wertschätzung zu immer mehr Wertschätzung führt, was wiederum positives Denken fördert.

Die drei Bausteine zur Erzielung besserer Ergebnisse

Alle erfolgreichen Menschen sind sich bewusst, wie sehr ihre Denkweise ihren Gesamterfolg beeinflusst; schließlich hat ihre gewohnte Denkweise eine direkte Auswirkung auf Ihre innere und äußere Welt. Dein Leben ist ein genaues Spiegelbild dessen, was dein Kopf denkt. Wenn du daher deine Denkweise änderst, wirst du bei deinen Ergebnissen große Veränderungen feststellen.

Es ist ganz einfach: Eine großartige Denkweise führt zu großartigen Ergebnissen. Um eine positive Denkweise zu meistern, gibt es drei besondere Punkte:

- **Absorbieren**

Die Informationen, die du täglich aufnimmst, haben einen großen Einfluss auf deine Denkweise. Musik, die du hörst, Sendungen, die du dir ansiehst, Websites, durch die du regelmäßig scrollst, Bücher, die du liest usw. – all das spielt eine große Rolle für deine Denkweise.

Ein wichtiges Prinzip, das ich mir zu eigen mache, ist „GIGO“: Garbage In, Garbage Out. Wörtlich: Müll rein, Müll raus. Das Konzept ist ganz einfach. Wenn du Müll in dich aufnimmst, wird dein Leben auch wie Müll aussehen.

Du erntest, was du säst! Wenn du dir nicht gefällt, was du erntest, ist es an der Zeit, etwas zu ändern, damit du endlich die Dinge erntest, auf die du stolz sein kannst. Deshalb ist es auch so unglaublich wichtig, dass du weißt, welche Dinge du jeden Tag absorbierst. Sei dir bewusst, was du in deinen Geist aufnimmst.

- **Assoziationen**

Ja, es spielt eine Rolle, welche Menschen du in dein Leben lässt und mit wem du dich abgibst. Wenn du Zeit mit Menschen verbringst, die sich selbst und dich bestärken, bist du auch selbst viel motivierter, dich und andere zu bestärken.

Wenn du deine wertvolle Zeit mit unmotivierten, unsicheren und negativ eingestellten Menschen verbringst, wirst du nicht sehr inspiriert sein, eine optimistische Haltung einzunehmen, um deine Ziele und Träume zu erreichen. Wenn du aktiv danach strebst, ein besserer Mensch zu werden, wirst du automatisch gleichgesinnte Menschen anziehen. Lerne, bewusst darauf zu achten, mit wem du dein Leben teilst.

- **Behauptungen**

Den ganzen Tag über führen wir Selbstgespräche. Die Worte, die du dir dabei selbst zusprichst, haben eine Auswirkung auf deine gesamte Denkweise. Deine innere Stimme sendet ständig Botschaften an deinen Verstand, die dir entweder helfen, dich weiterzuentwickeln oder deinen Fortschritt behindern.

Es ist wichtig, positive Affirmationen zu rezitieren, um jegliche Barrieren abzubauen, die du um dich herum aufgestellt hast. Sei dir bewusst, was in deinem Kopf vor sich geht und lerne, ihn besser zu kontrollieren, anstatt die Negativität ständig in dir wohnen zu lassen.

Es zählt alles, was du tust! Von den Dingen, die du liest und anschaust bis hin zu den Menschen, mit denen du zu tun hast und den Gesprächen, die du mit dir selbst führst. Dies sind die drei stärksten Bausteine zur Schaffung einer besseren Grundlage, damit du – unabhängig von deinen Umständen – positiv bleibst. Wenn du bewusst darauf achtest, was du in dich aufnimmst, wirst du ein Meister der positiven Denkweise werden.

Grundüberzeugungen erkennen und anpassen

Entdecke dein bestes Selbst neu

Wenn du jeden Tag unglücklich aufwachst, ist es an der Zeit, die besten Seiten deines Lebens neu zu bewerten und dein Leben so umzugestalten, dass du dich wieder positiv fühlst. Wir alle verlieren uns von Zeit zu Zeit. Wir alle vergessen alte Leidenschaften, die wir einst hatten, geben Interessen auf, um stattdessen etwas anderes zu verfolgen, usw. Aber es ist nie zu spät, das wiederzuentdecken, was dich großartig macht und was dich wirklich lebendig fühlen lässt.

Erinnere dich daran, wann du am glücklichsten warst

Nimm dir einen Moment Zeit, um dich daran zu erinnern, wann du mit deinem Leben am zufriedensten warst. In der Schule? Der Ausbildung? Vor Ehe, Familie und Kindern? Als du deine Familie gegründet hast? Oder dein Unternehmen? Einem neuen Hobby nachgegangen bist?

Menschen erreichen ihren Höhepunkt zu verschiedenen Zeiten in ihrem Leben. Niemand erreicht ihn zur gleichen Zeit oder auf dem gleichen Niveau. Dieses Hochgefühl kann man nicht wiedererlangen, indem man die guten Zeiten in einen Ordner mit der Aufschrift „Vergangenheit“ packt, sondern indem man herausfindet, wie du dieses Gefühl der Zufriedenheit wieder in dein jetziges Leben einbringen kannst. Wie kannst du die Dinge, die dir Freude bereitet haben, wieder in dein jetziges Leben einbauen?

Finde heraus, was dich unglücklich macht

Genauso wichtig wie zu lernen, was deine Positivität fördert, ist es wichtig zu erkennen, was dein Blut zum Kochen bringt und deine Frustration schürt. Wenn du schädliche Einflüsse klar benennen kannst, kannst du sie besser auslöschen und stattdessen bessere und gesündere Lebensweisen entwickeln.

Wir alle neigen dazu, an Ereignissen aus der Vergangenheit festzuhalten, die negative Auswirkungen auf unser heutiges Leben haben. Doch da sie in der Vergangenheit liegen, ist das der allererste Grund, warum es an der Zeit ist, sie endlich loszulassen! Egal, ob es sich um einen toxischen Ex oder einen Job handelt, der dich auslaugt – wenn du dich von diesen negativen Einflüssen trennst, hast du genügend Raum, um dich in eine positive Richtung zu entwickeln.

Schreibe es auf

Die Gedanken, die in unseren verrückten Köpfen herumschwirren, können sehr überwältigend sein. Wir sind uns auch gar nicht bewusst, welche Macht unsere Gedanken eigentlich über uns haben. Sie können uns sagen, was wir wollen und was nicht, und was wir tun können und was nicht. Das ist negativ und wir sind die Einzigen, die die Macht haben, diese lästigen Gedanken zu beseitigen, die unseren Erfolg im Leben behindern.

Ich habe die Erfahrung gemacht, dass Gedanken abstrakter werden, wenn man sie aufschreibt. Wenn du deine Gedanken auf Papier visualisieren kannst, werden sie konkreter. Schreibe eine Liste mit Vor- und Nachteilen, zufällige Gedanken, die dir in den Sinn kommen, Gedichte, Einkaufslisten, einfach *alles*, was dir in den Sinn kommt. Alles, was du aufschreibst, kann sehr therapeutisch sein und uns dabei helfen, unsere wahre Stimme wiederzuentdecken, die ausstrahlt, wer wir wirklich sind. Ich möchte dich herausfordern, dich selbst wiederzufinden – mit der Kraft vom guten alten Stift und Papier.

Lerne, dich selbst zu lieben

Ein weiterer wichtiger Teil der Wiederentdeckung deiner wahren Persönlichkeit ist es, Methoden zu erlernen, mit denen du dich selbst wieder lieben lernst, selbst nach allem, was du durchgemacht hast. Es gibt Millionen von Seiten, die „gute Ratschläge" zur Selbstliebe geben, aber sie erklären nie genau, *wie* man das macht.

Sich selbst zu lieben ist ein wichtiger Teil, wenn es um eine positive persönliche Entwicklung geht. Durch Selbstliebe können wir unsere Träume erfüllen und glückliche und gesunde Beziehungen zu anderen aufzubauen.

Kümmere dich um dich genauso wie um andere

Das klingt schon fast zu einfach, aber viele von uns sind nicht egoistisch genug, wenn es darum geht, unsere eigenen Wünsche und Bedürfnisse zu erfüllen. Und um eines klarzustellen: Für sich und sein Wohlbefinden zu sorgen ist nicht egoistisch. Wenn du auf dich selbst acht gibst, zeigst du damit, dass du dich um dich selbst *und* um die Menschen in deinem Leben kümmerst. Du solltest dich so behandeln, wie du auch mit deinem besten Freund oder deiner beste Freundin umgehst: mit Sorgfalt und Sanftmut.

Halte Grenzen ein

Schreibe eine Liste mit den Dingen auf, die du emotional brauchst, was dir wichtig ist und was dich aufregt. Diese Liste kann alles Mögliche enthalten; von dem Wunsch nach Sympathie und gefeiert zu werden bis hin zu dem Wunsch, umsorgt zu werden, usw. Was auch immer dir wichtig ist, egal wie albern es klingt, schreibe es auf.

Die Dinge, die du aufschreibst, solltest du als deine persönlichen Grenzen betrachten. Wenn dann jemand etwas auf dieser Liste ignoriert, solltest du es als Überschreitung dieser Grenzen betrachten, die du dir selbst gesetzt hast. Ignoriere nicht, wie du dich dabei fühlst, denn die Grenzen sind dazu da, dir zu sagen, was richtig und was falsch ist.

Informiere andere über die Grenzen, die du dir selbst gesetzt hast und erkläre, was du tolerieren wirst und was nicht. Wenn du selbstbewusst mit deinen Grenzen umgehst, förderst du damit den Aufbau eines positiven Selbstwertgefühls und gibst dir viele Gelegenheiten, deine Überzeugungen, Wertvorstellungen und das, was du vom Leben verdienst, zu bestärken.

Tu, was du tun musst, um *du* zu sein

Nimm dir Zeit, um Dinge festzulegen, die dir ein gutes Gefühl in Bezug auf dich selbst und dein Leben geben, egal was es ist. Lerne einfach, dir bewusst zu machen, wie du dich fühlst, wenn du bestimmte Dinge tust. Zum Beispiel:

- Bist du erschöpft von der Arbeit, aber machst gerne Gartenarbeit?
- Hast du Freude daran, deinen Kindern vorzulesen?
- Verspürst du ein Gefühl der Erfüllung, wenn du Gedichte schreibst oder dich ehrenamtlich in deiner Gemeinde engagierst?

Sobald du herausgefunden hast, was dir ein gutes Gefühl verleiht, solltest du diese Dinge zu einer Priorität machen und sie in deinen Tages- oder Wochenplan integrieren. Egal, was passiert, diese Dinge solltest du unbedingt tun! Ja, es kann sein, dass du andere Sachen aufgeben musst, um Zeit für sie zu haben, aber es bedeutet auch, dass du deinen Zeitplan und dein Leben neu gestalten musst, damit du das tun kannst, was dir wirklich Spaß macht.

Und damit du diese Dinge auch wirklich tust, solltest du Dinge tun, die dich an deine Ziele zum Glücklichsein bringen werden, wie z.B. Geld sparen, um Material zum Malen zu kaufen, eine Stunde früher aufstehen, mehr Sport treiben usw.

Es ist wichtig, das zu tun, was du brauchst, damit du deine Ziele zum Glücklichsein erreichen kannst. Bedenke dabei jedoch, anderen nicht die Schuld in die Schuhe schieben, falls du diese Ziele nicht erreichst. Es ist an der Zeit, einfach mal ein wenig egoistisch zu sein und deine eigene Teekanne aufzufüllen, damit du damit auch die Tassen der anderen in deinem Leben füllen kannst! Dadurch fühlst du dich selbst besser und kannst gleichzeitig auch anderen Menschen besser helfen, während du den Nebel der inkonsistenten Negativität aus deinem Leben vertreibst und dich in die Lage versetzt, dich und dein Leben wirklich zu lieben.

Positive Achtsamkeit pflegen

Wie du dir vorstellen kannst, kann eine positive Einstellung im täglichen Leben einen tiefgreifenden Einfluss darauf haben, wie glücklich und zufrieden sich dein Leben insgesamt anfühlen wird. Wenn du jeden Tag eine positive Einstellung beibehältst, wirst du feststellen, dass dein Leben generell mit mehr Leichtigkeit verläuft und dass andere optimistischer auf dich reagieren.

Ich bin mir sicher, dass du dir dessen bewusst bist, denn sonst wärst du schließlich nicht hier! Die wahre Kraft liegt jedoch darin, diese positive Einstellug tatsächlich umzusetzen und nicht nur darüber zu reden und zu lesen. Glaub mir, ich kenne den Kampf des Alltags und weiß, dass es *eine Menge* zu bewältigen gibt. Selbst bei tollen Erlebnissen und Gelegenheiten scheinen das Chaos und jegliche anspruchsvollen Herausforderungen alles Großartige, was man hat, zu überschatten.

Es ist zwar nicht einfach, jeden Tag positiv zu bleiben, aber es ist mehr als möglich und die Mühe wert.

Positive Menschen fast immer positiv, egal was passiert, und zwar wegen zwei wichtiger Dinge:

1. Sie *üben,* wie man optimistisch bleibt, um diese Fähigkeit weiter zu stärken.

2. Sie *wählen,* positiv zu sein, weil es sich viel besser anfühlt, als in einem Pool aus Negativität zu ertrinken.

Wir werden nicht positiv oder negativ geboren, und eine Person ist nicht mehr zu Optimismus fähig als eine andere. Hör auf, dich mit deinen Fähigkeiten, Herausforderungen oder Situationen zu rechtfertigen, wenn es um dein Maß an Optimismus geht. Es gibt keine Aspekte, die Positivität einfach machen, auch wenn viele das so sehen.

Positivität ist in erster Linie eine Entscheidung. Du brauchst sowohl einen freien Willen als auch Bewusstsein, um erfolgreich zu sein und einen guten Sinn für Optimismus in dein Leben zu integieren. Und weißt du was? Jeder Mensch, auch *du*, ist mit einem freiem Willen und Bewusstsein ausgestattet! Du kannst jederzeit positiver sein und die Vorteile davon ernten.

Wenn du dir deiner selbst und deines Lebens bewusst bist, merkst du, wenn du langsam einen Weg der Negativität einschlägst. Wenn du dir dessen bewusst bist, kannst du leichter Entscheidungen zwischen Optimismus und Pessimismus treffen. Im Folgenden findest du ein paar tolle Tipps, mit denen du optimale Ergebnisse erzielen kannst!

Wege zum täglichen Glück

Übe die Kraft des positiven Denkens

Die Macht des positiven Denkens ist unbestreitbar. Wenn du positiv denkst:

- Erhältst du bessere Ergebnisse. Und wenn dir diese Verbesserung gefällt, strebst du weiter danach, sie kontinuierlich zu erreichen.

- Nimmst den Fluss deiner Verhaltensweisen und Entscheidungen besser wahr. Du hast eine bessere Einstellung, weil du weißt, wie du fühlst und denkst.

- Schaffst du bessere Ergebnisse und andere in deinem Leben reagieren entsprechend darauf.

- Fühlst du dich wohler.
- Verhältst du dich optimistischer, da keine negative Wolke täglich über dir schwebt.
- Hast du weniger Zeit für Negativität, weil du optimistisch bleibst.
- Erlaubst du deinem Geist, mehr Positivität zu tanken, was erstaunliche Auswirkungen auf deine körperliche, geistige und emotionale Gesundheit hat.
- Kannst du dir besser positive Aussagen vorlesen.
- Entscheidest du dich aktiv dafür, jeden Tag die Kraft des positiven Denkens zu nutzen.

Reagiere positiv auf Herausforderungen

Probleme sind unvermeidlich. Sie gehören zum Leben dazu. Wir alle werden mit ihnen konfrontiert, aber für unser allgemeines Wohlbefinden ist es entscheidend, *wie* wir mit ihnen umgehen. Wenn du negativ reagierst, verbrauchst du am Ende viel Energie und beeinträchtigst nur deine Gesundheit.

Ein positiver Umgang mit Herausforderungen bedeutet nicht, dass du dich über sie freuen sollst. Es geht eher darum, zu lernen, in jeder Situation die beste Perspektive zu wählen. Wir alle haben die Wahl, aus welchem Blickwinkel wir was betrachten wollen, und das wirkt sich wiederum darauf aus, wie wir uns fühlen.

Hier findest du ein paar Wege, wie du positiv bleiben kannst, egal, mit welchem Szenario du konfrontiert bist:

- Anstatt an deinen ersten negativen Gedanken festzuhalten, stelle dir diese Fragen:

    - Was lerne ich aus dieser Situation?
    - Wie kann ich diese Situation auf positive und friedlichere Weise angehen?

- Nimm dir einen Moment Zeit, um durchzuatmen und zähle bis 10 (klingt einfach, wirkt aber *Wunder*).

- Nimm wahr, wie du dich fühlst und was du denkst.

- Erkenne, dass du die Fähigkeit hast, eine Perspektive zu wählen und dass dich nichts dazu zwingen kann, etwas aus einem bestimmten Blickwinkel zu sehen. Denke daran, dass dein Geist ein heiliger Ort ist, der nur *dir* gehört.

Übe, dich selbst zu lieben

Ein Großteil der Positivität und damit verbundenen Großartigkeit beginnt immer bei dir. Es hat nur wenig mit dem zu tun, was in deinem Leben passiert, sondern vielmehr damit, was in dir selbst vorgeht. Wenn du dich selbst gut fühlst, ist es viel einfacher, den Weg der Positivität einzuschlagen.

Wenn du nicht an dich selbst glaubst oder dich nicht liebst, wird es dir schwerfallen, eine positive Einstellung zu entwickeln, die für den Erfolg im Leben so wichtig ist. Um eine bessere Beziehung zu dir selbst aufzubauen, solltest du:

- mindestens einmal pro Woche etwas für deine Selbstfürsorge tun. Denke an alles, was du tust, damit du dich gut versorgt und unterstützt fühlst. Denke an Dinge, die du für andere oder diejenigen tust, die du liebst und fange an, ähnliche Dinge für dich selbst zu tun!

- üben, dir selbst zu verzeihen, anstatt dich über Schwächen, unerreichte Ziele, Bedauern, Fehler, die Vergangenheit oder Schuldgefühle zu ärgern.

- eine Bestandsaufnahme der Dinge machen, die du an dir selbst liebst. Das können Fähigkeiten, Erfolge, Triumphe, Stärken usw. sein. Lerne, deine Lebensreise zu lieben, die du bisher unternommen hast.

Täglich umsetzbare Schritte für mehr Positivität

Mir wurde erst bewusst, wie wichtig eine positive und gewohnheitsmäßige Routine ist, als ich anfing, sie ernsthaft in die Tat umzusetzen. Hier sind ein paar Dinge, die ich persönlich in meiner täglichen Positivitätsroutine verwende und auch ein paar Dinge, die andere in ihrem täglichen Leben hilfreich finden, um Optimismus auszustrahlen:

- Regelmäßiger Sport
- Planung des Tagesablaufs
- Aufmunternde Musik hören, die motiviert und inspiriert
- Beten oder ein bewusstes Gespräche mit dem Leben und dem Universum führen
- Dankbarkeit
- Visualisierungspraktiken
- Meditation
- Positive Affirmationen anhören und laut aussprechen
- „Technik der Gedankenunterbrechung“
    - Notiere wiederkehrende negative Gedanken
    - Schreibe für jeden eine positive Alternative auf

    - Wenn du negative Gedanken wahrnimmst, übe, sie zu unterbrechen und stattdessen den positiven Gedanken zu rezitieren, der an ihrer Stelle steht.
    - o Wiederhole diese positiven Gedanken, bis sie dir vertraut werden

- Beende jeden Tag bewusst mit einem positiven Gefühl, damit du gut schläfst.
- Feiere jede Errungenschaft
- Sei dankbar und lerne, mit dem, was du im Leben hast, gesegnet zu sein
- Wiederhole Affirmationen, die dir helfen, dich besser zu fühlen
- Höre dir geführte Meditationen an
- Schreibe Dinge auf, die dich inspirieren und dich motivieren, einen positiveren Lebensstil zu führen

Wege zu glücklicheren Gedanken – den ganzen Tag, jeden Tag

Wenn du lernst, die Kraft des positiven Denkens zu nutzen, wirst du damit auch sehr wahrscheinlich positive Umstände anziehen. Das Gleiche gilt für Negativität. Je pessimistischer du bist, desto mehr negative Situationen werden sich ergeben. Welchen Reichtum du in deinem Leben erhältst, hängt letztlich von dir ab. Wenn du positiv denkst und handelst, wirst du damit unbewusst positive Dinge hervorrufen. Wenn du dagegen pessimistisch und zynisch bist, wirst du immer in einen Strudel von negativen, selbstverschuldeten Prophezeiungen geraten.

Gleiches zieht Gleiches an!

Meditation

Am Anfang war ich skeptisch gegenüber Meditation, aber als ich anfing, sie in meinen Alltag zu integrieren, verflog diese Skepsis recht schnell. Tatsächlich ist sie sogar eine der besten und beliebtesten Methoden für mich geworden, um negative Emotionen aus meinem Leben zu verbannen und eine guten Dosis positiver Gefühle und Spiritualität zu tanken.

Meditation verjüngt den Geist und macht ihn widerstandsfähiger, wenn negative Gefühle auftauchen. Sie befreit uns nicht nur körperlich von all den schlechten Chemikalien wie Stress und Ängste, sondern auch auf emotionaler Ebene.

Meinen Lesern erkläre ich Meditation gerne so: Wenn du dazu neigst, ständig unglücklich zu sein, solltest du Meditation als einen großen RESET-Knopf betrachten, mit dem du den Stecker ziehen, abschalten und dich ablenken kannst. Meditation ist eine Praxis, die leicht zu erlernen und umsetzen ist, so dass dein Gehirn nach dem wieder Einschalten stattdessen Frequenzen von positivem Denken nutzt! Ziemlich cool, oder?

Wenn du oft und lange genug meditierst, wirst du feststellen, dass ein Großteil des Schadens, der durch Negativität verursacht wurde, beseitigt wird und nur noch eine schöne, saubere Tafel bleibt, die du mit deiner neuen, positiven Denkweise neu bemalen kannst.

Sei dankbar

In jeglichem Zusammenhang hat Dankbarkeit immer die Kraft, mehr Glück in unser Leben zu bringen. Wissenschaftlich gesehen schüttet sie sogar eine große Menge Dopamin in unserem Gehirn aus – einen Wohlfühlstoff, der negative Gefühle und Gedanken auslöscht.

Dankbarkeit ist eine Handlung, die das Gesetz der Anziehung hervorruft, das wir bereits in diesem Buch besprochen haben. Wenn du dich ehrlich bemühst, dankbar zu sein, wirst du feststellen, dass du am Ende mit viel mehr gesegnet sein wirst! Achte auch darauf, jeden Tag in dein Dankbarkeitstagebuch zu schreiben. Ich mache das am liebsten, bevor ich ins Bett gehe.

Sei freundlich

Freundlichkeit ist eine weitere bewährte Maßnahme, die jeglichen Stress wegspült und uns ein Gefühl der Freude und Zufriedenheit verleiht. Freundlichkeit ist ansteckend. Wenn eine Person freundlich zu dir ist, fühlst du dich motiviert und inspiriert, diese Freundlichkeit weiterzugeben, oder? So viel Kraft hat sie!

Freundlichkeit hat auch einen Einfluss auf Dankbarkeit, denn mit ihr neigen wir eher dazu, uns wirklich gesegnet zu fühlen.

Stressfrei

Wenn das Leben doch nur „stressfrei" wäre, oder? Da dies nie der Fall sein wird (es sei denn, du lebst in einem Loch und kommst nie heraus) musst du lernen, wie du die Flammen des Stresses und all die damit verbundenen ungesunden Dingen wie Angstzustände, Depressionen und Süchte, löschen kannst.

Stress wird verursacht, weil wir uns mit den Dingen beschäftigen, die in unserem Leben schief laufen. Stress wird oft als „emotionale Notlage" bezeichnet, die – ob du es glaubst oder nicht – selbst verschuldet ist. Wenn du zu viel arbeitest, lebst du ungesund. Wenn du nicht genug schläfst, bist du erschöpft. Wenn du deine Freunde und deine Familie vernachlässigst, fühlst du dich einsam. Wie kann man also *gewinnen*?

Du musst dich von der Negativität des Lebens befreien und dich für *Entspannung* entscheiden. Das bedeutet, dass du dich um dich selbst kümmerst, sowohl innerlich als auch äußerlich. Trinke viel

Wasser, ernähre dich richtig, treibe Sport, meditiere, schlafe genug usw. Lerne, nie mehr abzubeißen, als du vertragen kannst. Wenn du dich selbst pflegst, wirst du spüren, wie der Stress förmlich von dir abfällt.

Sei dein größter Fan

Sage dir *mindestens einmal am Tag,* wie talentiert und wunderschön und *FANTASTISCH* du bist. Wenn du das jeden Tag tust und es zu deiner Gewohnheit machst, wirst du anfangen, es wirklich zu glauben. Motivierende Gespräche, auch Pep-Talk genannt, funktionieren wirklich! Sie ermutigen, inspirieren und motivieren dich, jeden Tag das Beste aus deinem Leben zu machen.

Wenn dein Bauchgefühl dir das nächste Mal sagt, dass etwas nicht stimmt, sage dir nicht: *„Das ist schlecht"*, sondern bestätige dir, dass du mit allem umgehen kannst, was das Leben dir in den Weg stellt. Sage dir: *„Ich komme damit klar."*

Ziehe Positives aus den Trümmern

Es wird Zeiten in deinem Leben geben, in denen es sich so anfühlt, als ob die ganze Welt gegen dich ist, auch wenn du alles tust, um dich über Wasser zu halten. Vielleicht ist das sogar ein Grund, warum du dieses Buch liest. In chaotischen Situationen kann es schwierig sein, positiv zu bleiben, weshalb wir insbesondere zu diesen Zeiten dazu verleitet sind, uns negativ zu verhalten. Aber du siehst ja, was es dir bringt. Genau: Nichts. Es zieht nur noch mehr Negativität in dein Leben und am Ende des Tages gewinnt niemand.

Dabei rufen negative Situationen eigentlich geradezu dazu auf, positiv zu bleiben und die Flut der schlechten Situationen zu überstehen. Ich habe ein paar Wege gefunden, wie ich positiv bleiben kann, vor allem wenn es den Anschein hat, als würde das ganze Leben um mich herum zusammenbrechen.

Wege zur einfachen Optimierung von Positivität in negativen Situationen

- Sei dir bewusst, dass du es nicht allen Menschen in deinem Leben recht machen kannst. Das kann niemand, egal wie sehr man sich bemüht. Sei dir bewusst, dass du bestimmte Menschen im Laufe deines Lebens einfach gehen lassen musst, um dich von negativen Belastungen zu befreien.

- Sieh negative Situationen als „Trainingseinheiten“ an, die dir helfen werden, später im Leben erfolgreich zu sein. Je höher du aufsteigst, desto schlimmer können die Situationen werden. Diese Szenarien bereiten dich nur auf zukünftige Unternehmungen vor.

- Lerne Lieblingsmotivations- und/oder Inspirationszitate auswendig, damit du sie dir selbst vorsagen kannst oder platziere sie dort, wo du sie jeden Tag leicht sehen kannst.

- Sprich mit jemandem, der einen positiven Einfluss in deinem Leben hat und dich ermutigen kann, weiterzumachen.

- Lerne, deine Fehler offen zuzugeben. Denk daran, dass auch du nur ein Mensch bist und niemand auf dieser Welt perfekt ist.

- Eines meiner Lieblingszitate zum Thema Fehler: *„Ein Leben, in dem man hin und wieder Fehler macht, ist nicht nur ehrenwerter, sondern auch nützlicher als ein Leben, in dem man nichts tut.“*

- Wenn du an negativen Gefühlen und Emotionen festhältst, schadet dies mehr als es nützt. Es gibt keinen guten Grund für dich, an pessimistischen Standpunkten festzuhalten.

- Lerne, eine positive Sichtweise auf die Menschen in deinem Leben zu bewahren. Auch wenn du ihr Verhalten oder die

Botschaft, die sie aussenden, nicht magst, heißt das nicht, dass du sie persönlich hassen solltest. Hass führt nur dazu, dass du eine dunkle Negativität in dir trägst, die sich nur schwer abschütteln lässt.

- Wenn du in Menschen oder Nachrichten auf Negativität stößt, lerne, sie zu ignorieren und zu vermeiden. Sie sind nur eine Verschwendung deiner wertvollen Zeit.
- Was sagen andere über dich? Sieh die Inhalte in einem positiven Licht, damit du darauf reagieren und dich verbessern kannst. Weise keine Botschaften zurück, die man dir zukommen lassen will.
- Übe dich in einem sanfteren Umgangston, um Spannungen in Situationen abzubauen.
- Atme tief ein und aus, um dich zu beruhigen, wenn es schwierig wird, damit du klarer und positiver denken kannst.
- Reagiere nicht, wenn du wütend bist. Wenn du dir nicht sicher bist, ob du dich beruhigt hast, reagiere erst, wenn du weißt, dass du dich beruhigt hast.

Die fünf Regeln der Positivität in negativen Situationen

In Situationen, in denen es schwierig ist, das Positive zu sehen, ist umso wichtiger, positiv zu bleiben, damit dich die Menschen um dich herum nicht nach deiner Unfähigkeit beurteilen, wie du mit Situationen umgehst. Negativität macht alles nur noch schlimmer und führt später nur zu mehr Ärger, Wut, Enttäuschung und Schuldgefühlen. Niemand hat Zeit für so etwas.

Der einzig *wahre* Weg, negative Situationen zu überwinden, liegt darin, eine optimistische Einstellung zu bewahren. Das ist jedoch eine Entscheidung, die nur du allein treffen kannst, vor allem wenn du schwierige Szenarien als Lernkurven und nicht als riesige Schlaglöcher auf deinem Weg zum Erfolg betrachtest. Hier sind fünf Regeln, um positiv zu bleiben, wenn das Leben hektisch wird.

Regel 1: Du hast die Kontrolle über deine Reaktion

Du und nur allein du kannst deine Reaktion auf Situationen kontrollieren. Atme tief durch, zähle bis 10 und gib dein Bestes, um dich von der Negativität zu lösen, die versucht, dein Verhalten zu beherrschen. Wenn du ruhig bleibst, kannst du klarer darüber nachdenken, wie du Probleme lösen kannst.

Wenn du so reagierst, wie du dich fühlst, wird die Situation nur noch schlimmer, als sie ohnehin schon ist. „*Wenn du nichts Nettes zu sagen hast, sage lieber gar nichts.*" Das ist eine gute Faustregel, an die man sich halten sollte!

Regel 2: Lerne aus negativen Situationen

Das ist leichter gesagt als getan, aber wenn du pessimistische Szenarien als Chance siehst, um zu wachsen und zu lernen, kannst du auch in schwierigen Situationen Chancen erkennen. Anstatt deine Energie damit zu verschwenden, negativ zu reagieren, kannst du etwas Positives tun, um die Situation zu verbessern.

Regel 3: Gib deine Fehler zu

In unserer Gesellschaft vergessen wir gerne mal, dass wir alle nur Menschen sind und dass wir alle hin und wieder Fehler machen. Wir alle haben unsere Schwächen. Dennoch können wir Situationen verbessern, indem wir unsere Fehler zuzugeben, anstatt sie zu leugnen. Lerne aus dem Fehler, der zu der schlechten Situation geführt hat. Lerne daraus und blicke weiter nach vorn.

Regel 4: Bewahre eine positive Sichtweise

In negativen Situationen hat unsere Meinung eine seltsame Art, sich zu verfestigen. In diesem Fall ist es wichtig, positiv zu bleiben, um keine voreiligen Schlüsse zu ziehen. Wenn du proaktiv mit den Widrigkeiten bestimmter Umstände umgehst, kannst du dich selbst und deine Positivität bestätigen.

Das ist besonders wichtig, wenn wir gezwungen sind, unter Druck zu arbeiten. Ja, es kann schwierig sein, eine positive Einstellung aufrechtzuerhalten, aber genau hier spielt Positivität eine wichtige Rolle, wenn es darum geht, einen guten oder schlechten Ausgang einer Situation zu entwickeln.

Regel 5: Hebe das Positive hervor

- Springe nicht zwischen negativen und positiven Gefühlen hin und her. Wenn Negativität an die Oberfläche kommt, kehre zu einer optimistischen Sichtweise zurück und bleibe dort.

- Konkretisiere positive Wahrheiten, indem du dir selbst und deinem Lebenswerk treu bleibst.

- Verwerfe alle negativen Gedanken, die aus pessimistischen Situationen entstehen. Du gewinnst nichts, wenn du dich schlecht verhältst.

- Bestätige deine Einstellung mit Worten und Taten, nicht nur mit dem einen oder dem anderen.

Einfache Wege für ein positiveres Leben

Um Ängste zu überwinden, muss man bereit sein, an sich zu arbeiten und positive Veränderungen und bessere Denkweisen zu einer Gewohnheit machen. Man kann viele kleine Veränderungen vornehmen, die insgesamt eine große positive Auswirkungen auf dein Leben haben können. In diesem Kapitel findest du ein paar der besten davon!

Achtsames Vorwärtsgehen

Wir sind eine Spezies, die dazu neigt, in der Zukunft zu leben. Alles, was wir in der Gegenwart tun, zielt auf eine potenziell bessere Perspektive in der Zukunft ab. Dabei vergessen wir jedoch ganz gerne, uns Zeit zu nehmen, um die Gegenwart zu genießen. Wenn du mehr Zeit in der Gegenwart verbringst, ist es viel einfacher, positiv zu sein und realistische Erwartungen zu haben. Wenn du deine ganze Zeit dagegen in der Zukunft verbringst, machst du dir nur Sorgen. Gehe deine morgentliche Routine langsam an, damit der Rest deines Tages hoffentlich genauso verlaufen wird.

Starte deinen Tag positiv

Die Art, wie du den Tag beginnst, gibt oft den Ton für den Rest des Tages an. Deshalb liest man auch sehr oft, dass es sinnvoll ist, etwas früher aufzustehen, damit du deine Morgenroutine in aller Ruhe durchgehen kannst. Wir arbeiten viel zu oft auf Hochtouren und verlieren uns im Stress, wodurch wir dann auch die Macht über unser Leben verlieren.

Gib anderem Leben einen Mehrwert

Die Schwingungen, die wir täglich in die Welt hinaussenden, kommen auf unterschiedlichste Weise zu uns zurück: Entweder nehmen sie uns in den Arm oder aber sie treten uns in den Hintern. Wie sagt man so schön: *„So wie man in den Wald hineinruft, so schallt es heraus.“*

- **Hilf aus** – Hilf deinen Freunden, wenn sie es brauchen. Biete jemandem an, ihn irgendwo hin zu fahren oder frage, ob du jemanden unterstützen kannst.

- **Höre zu** – Lerne zuzuhören, anstatt über das Wort anderer zu reden. Meistens brauchen Menschen einfach nur ein offenes Ohr, das nicht urteilt und aufmerksam zuhört.

- **Lockere die Stimmung** – Gib anderen eine Umarmung (wenn es angebracht ist), lächle sie an und stelle Augenkontakt her. Spiele Gute-Laune-Musik, wenn du mit Freunden zusammen bist oder schaut euch einen inspirierenden Film an. Sei für andere da, die eine schwere Zeit durchmachen.

Lasse Angst nicht dein Leben beherrschen

Es wird Zeiten geben, in denen du das Leben bei den Hörnern packen, ein Risiko eingehen und eine Chance ergreifen willst. Deine Ängste haben jedoch die Angewohnheit, dich von diesen Gelegenheiten zurückzuhalten. Wir nehmen oft vage Ängste als Ausrede dafür, bestimmte Chancen lieber nicht zu ergreifen. In diesem Fall lassen wir uns jedoch von der Angst leiten und nicht von dem, was möglich ist. Frage dich in dieser Situation doch einfach mal, was das Schlimmste ist, das passieren könnte. So kannst du herausfinden, wie du mit ungewohnten Situationen umgehen kannst, die zu potenziell größeren Veränderungen führen können.

Finde deinen Ort zum Glücklich sein

Es hat sich herausgestellt, dass man wirklich seinen Ort der Glückseligkeit finden kann. Dies vor allem für diejenigen empfehlenswert, die unter Angstzuständen leiden. Sobald sich Angst bemerkbar macht, ist eine Verlagerung der Mentalität eine gute Möglichkeit, um entspannt, ruhig und im Moment zu bleiben. Glücklichsein ist ein Geisteszustand. Je mehr du übst, diesen Zustand zu erreichen, desto leichter wird es für dich werden.

- Erinnere dich an Orte, an denen du einmal gewesen bist und die dir wegen ihrer Aussichten oder Geräusche gefallen haben.
- Nutze die Methode der Imagination oder Visualisierung, um den Ort zu erreichen, nach dem du dich sehnst.
- Achte darauf, einen Ort zu wählen, an dem du glückliche Gefühle empfunden hast.
- Versuche, dich daran zu erinnern, wo du warst, als dich diese Gefühle von tiefer Bedeutung und/oder Zufriedenheit überkamen.
- Bleibe aufgeschlossen.

Schreibe

Ich weiß, dass mir das Schreiben immer wieder geholfen hat, wenn es darum ging, meine Angstgefühle zu bewältigen. Immer, wenn ich besonders davon geplagt war oder in emotionalem Aufruhr war, nahm ich mir ein Notizbuch, mein Handy oder meinen Laptop und schrieb meine Gefühle auf. Um dies effektiv tun zu können, muss man jedoch seine Angst, verurteilt zu werden, ablegen. Solange du dein Tagebuch oder das, was du schreibst, keinem anderen zum Lesen gibst, dient es nur dazu, deinen eigenen Gefühlen Luft zu machen. Dies gibt einem Leben mit Angstzuständen auch eine positive Seite.

Ich habe viele großartige Geschichten und Gedichte geschrieben, weil ich mich in einem bestimmten Moment so gefühlt habe. Sieh das Schreiben nicht als Versuch, deine Ängste zu vermeiden. Du lebst diesen Moment, indem du ihn dokumentierst und auf konstruktive Weise über ihn nachdenkst. Versuche es einfach mal. Ich versichere dir, dass du dich danach viel besser fühlen wirst. Und wenn du oft genug schreibst, erkennst du vielleicht sogar ein Muster, das du ändern möchtest.

Finde den Optimismus in negativen Umständen

Ich habe herausgefunden, dass man effektiv eine positive Sichtweise auf jede Art von Situation entwickeln kann, indem man hilfreiche Fragen stellt. Was ist gut an der Situation? Könnte sich daraus eine neue Chance ergeben? Eine solche Denkweise wirkt sich viel positiver auf mein Leben aus, als zu hinterfragen, womit ich das verdient habe, usw. Überstürze diese Fragen nur nicht. Nimm dir Zeit, um deine Gefühle und Gedanken über eine bestimmte Situation zu verarbeiten. Positivität zu erzwingen, während du emotional aufgewühlt bist, ist in der Regel nicht sehr effektiv.

Schaffe ein positives Umfeld

Je mehr du dich von Medien wie Fernsehen, Zeitschriften oder dem World Wide Web fernhältst, desto besser. Es ist wichtig, positive Einflüsse im Leben zu haben, um ein positives Leben führen zu können. Frage dich, was dein Leben negativ beeinflussen könnte und welche Informationsquellen zu negativen Gedanken führen. Wenn du dann deine Antworten auf diese Fragen durchgehst, überlege dir, wie du weniger Zeit mit diesen Dingen verbringen kannst. Denn dann hast du viel mehr Zeit für Dinge, die sich positiv auf dein Leben auswirken!

Fühle dich wohl in deiner eigenen Haut

Dies kann eine echte Herausforderung sein, vor allem für diejenigen, die unter Angstzuständen leiden. Wir fürchten Vorurteile und versuchen, möglichst perfekt zu sein, obwohl das in Wirklichkeit niemand auf diesem Planeten je sein kann. Lerne, dich so zu akzeptieren, wie du bist, in dem Körper, in dem du geboren wurdest. Wenn du ständig etwas an dir ändern willst, das du gar nicht ändern kannst, wirst du nie mit dir selbst zufrieden sein. Das tötet jedes Potenzial, jemals richtig glücklich zu sein. Wenn du dich in deiner eigenen Haut nicht wohl fühlst, nagt das an deinem Selbstvertrauen, deinem Selbstwertgefühl und deinem allgemeinen Wohlbefinden. Distanziere dich von Menschen, die dich unglücklich machen.

Schätze, was du hast

Wenn du immer nach dem strebst, was andere haben und was du nicht hast, wirst du dein Leben immer so vor Augen haben, als wäre das Gras in den Gärten anderer immer grüner. So kannst du das, was du bereits in deinem Leben hast, gar nicht wertschätzen und dankbar dafür sein! Du wirst dauerhaft unglücklich sein und das Gefühl haben, dass dir etwas fehlt. Das Gleiche gilt auch für den Vergleich mit anderen. Es mag zwar ein gewisser Maßstab sein, um Erfolg zu haben, aber sich mit anderen zu vergleichen, ist ab einem gewissen Punkt äußerst ungesund.

Achte darauf, dass deine Motive auf Glückseligkeit ausgerichtet sind. Lerne zu schätzen, was du hast, und nimm dir Zeit, um zu erkennen, dass jeder mit gewissen Baustellen zu kämpfen hat. Du wärst sicher überrascht, wenn du wüsstest, wie viele Menschen sich *dein* Leben wünschen.

Löse dich von Zorn und Groll

Groll gegenüber anderen Menschen vergiftet einen bis ins Mark. Wir halten an unserer Wut fest, in der Annahme, dass die Person irgendwann einsehen wird, was sie falsch gemacht hat. Aber letzten Endes verletzen wir uns damit nur selbst. Lerne loszulassen und zu vergeben, egal wie lange es dauert.

Lebe unvoreingenommen

Wer engstirnig ist, schadet nur sich selbst. Mit einer voreingenommenen Lebenseinstellung regst du dich viel mehr auf, weil du fest zu bestimmten Überzeugungen stehst, die viele andere vielleicht nicht leben oder gutheißen. Lerne *„leben und leben lassen“* und du wirst insgesamt glücklicher sein.

Höre Musik mit einer Stimmung, in der du dich befinden möchtest

Etliche Studien zeigen, welchen Einfluss Musik auf unser Gehirn hat. Wenn du gute Laune haben willst, dreh positive Musik auf! So kannst du garantiert deinen Tag aufheitern. Teile sie auch mit deinen Mitmenschen! Mir persönlich hilft es zum Besipiel sehr, wenn ich eine Weile mit meiner Lieblingsmusik unterwegs bin und meine Angstgefühle abbauen kann.

Weitere Wege für ein positiveres Leben

- Wache mit der festen Überzeugung auf, dass heute ein großartiger Tag sein wird.
- Informiere deine Liebsten darüber, dass du dich um sie und ihr Wohlergehen sorgst.
- Unglücklich? Nur du hast die Macht, dein Leben zu ändern.
- Es wird nicht immer schlecht, schwierig oder anstrengend sein. Es wird besser werden.
- Erstelle eine Liste mit Dingen, die in deinem Leben gut laufen, anstatt dich mit all den Dingen zu beschäftigen, die falsch laufen.

- Beschäftige dich mit deinem Lieblingshobby, wenn du gestresst bist. Alles, was deine Stimmung verbessert, ist erlaubt!

- Selbst wenn die Dinge nicht so laufen, wie du es dir wünschst oder etwas Unerwartetes passiert, lerne, sie als positive Missgeschicke zu betrachten.

- Lerne, nachsichtig mit dir umzugehen. Strebe nicht ständig nach Perfektion.

- Genieße die Natur oder Orte, die dir helfen, für eine Weile der Realität zu entfliehen. Das kann beruhigend sein und automatisch Angstsymptome lindern.

- Dreh deinen Lieblingssong auf. Das ist ein garantiert schneller Weg, dich aufzuheitern!

- Teile dir deine Zeit sinnvoll mit Arbeit, Schule, Beziehungen und dir selbst ein.

- Jeder Tag ist ein Geschenk. Behandle ihn als solches.

- Forschungen haben gezeigt, dass optimistische Menschen tendenziell länger leben!

- Schalte ab und gönne dir Pausen von sozialen Medien, Schularbeiten und Projekten am Arbeitsplatz. Jeder braucht und verdient manchmal eine Pause.

- Iss Dinge, die deinen Körper nähren. Ein gesundes Gefäß fördert positive Energien, die den ganzen Tag über zu spüren sind.

- Wofür verspürst du eine Leidenschaft? Lerne, ein Meister in dem zu werden, was dich antreibt.

- Ausreichend Schlaf, Ruhe, Ernährung und Bewegung spielen alle eine Rolle für einen gesunden Lebensstil und Geist.

- Lache oft und lächle so oft du kannst!

Umgang mit Ngativität: Furcht, Sorge, Ängste, Aufschieberei, etc.

Methode zur Kontrolle von Emotionen

Emotionen sind ein natürlicher Bestandteil des Menschen und vor allem in drängenden und schmerzhaften Zeiten sehr präsent. Jeden Tag werden wir von irgendwelchen Emotionen angetrieben:

- Wir ergreifen Chancen, weil wir von neuen Möglichkeiten begeistert sind
- Wir weinen, weil wir verletzt sind und bringen Opfer für die, die wir lieben

Das sind nur ein paar Beispiele für Emotionen. Sie diktieren unser Handeln, unsere Absichten und unsere Gedanken mit Autorität gegenüber unserem rationalen Verstand. Emotionen können jedoch auch zu einem echten Problem werden, wenn wir zu schnell handeln oder auf die falschen Emotionen reagieren, die uns zu unüberlegten Entscheidungen veranlassen.

Negative Emotionen wie Bitterkeit, Neid oder Wut geraten meistens außer Kontrolle, insbesondere dann, wenn sie ausgelöst werden. Unseren Emotionen muss nur ein Ausrutscher unterlaufen, um Beziehungen in unserem Leben völlig zu ruinieren.

Wenn du Probleme hast, deine Emotionen zu kontrollieren, findest du hier einige Schritte, die du in deinen Alltag integrieren kannst, um in jeder noch so herausfordernden Situation zur Vernunft zu kommen:

Reagiere nicht sofort

Die Wahrscheinlichkeit, dass du Fehler machst, ist größer, wenn du sofort auf emotionale Auslöser reagierst. In diesem Fall wirst du wahrscheinlich Dinge sagen und tun, die du später bereust.

Bevor du auf Gefühle reagierst, atme tief durch und stabilisiere deine Impulse. Nach wenigen Minuten wirst du bereits spüren, wie sich dein Herzschlag wieder normalisiert. Sobald du dich beruhigt hast, denke daran, dass dieses Gefühl nur vorübergehend ist.

Finde gesunde Schlupflöcher

Sobald du deine Emotionen im Griff hast, musst du lernen, wie du sie auf möglichst gesunde Weise loslassen kannst. Emotionen sollte man niemals anstauen. Sprich mit jemandem, dem du vertraust. Die Meinung eines anderen kann dir durchaus helfen, deine Gedanken zu erweitern und die Kontrolle wiederzuerlangen.

Viele Menschen führen Tagebuch, um aufzuschreiben, wie sie sich fühlen. Andere treiben Sport, um sich von ihren Emotionen zu befreien. Wieder andere meditieren, um wieder zur Ruhe zu kommen. Welche Aktivität auch immer zu dir passt, finde sie und nutze sie, wenn zu starke Gefühle in dir hochkommen.

Betrachte das Gesamtbild

Alle Geschehnisse, egal ob gut oder schlecht, dienen einem Zweck in unserem Leben. Über diesen Momenten zu stehen stärkt deine Weisheit. Vielleicht verstehst du bestimmte Umstände nicht sofort, aber mit der Zeit, wenn sich die Teile des Puzzles zusammenfügen, wirst du ein Gesamtbild erkennen. Auch wenn du dich in einer emotionalen Krise befindest, vertraue darauf, dass all dies einen Grund hat, den du mit der Zeit verstehen wirst.

Ersetze deine Gedanken

Negativ besetzte Emotionen erzeugen negative, wiederkehrende Gedanken, die mit der Zeit einen Kreislauf voller negativer Muster schaffen. Wenn du mit solchen Emotionen konfrontiert wirst, verdränge sie aus deinem Kopf und ersetze sie durch positivere Gedanken. Stelle dir das ideale Ende vor oder denke an jemanden oder etwas, das dich glücklich macht.

Vergib deinen Auslösern

Auslöser können die sein, die du am meisten liebst, wie der beste Freund/die beste Freundin, deine Familie, du selbst usw. Es wird Zeiten geben, in denen du eine plötzliche Welle der Wut verspürst, wenn jemand Dinge tut, die dich ärgern. Du wirst Selbsthass verspüren, wenn du dich an die Vergangenheit erinnerst, in der du Dinge anders hättest machen können. Der Schlüssel zur Bewältigung deiner Emotionen ist Vergebung. So kannst du dich von deiner Eifersucht, deiner Wut und deinem Groll lösen. Wenn du vergibst, wirst du feststellen, dass es dir sehr gut tut, sich von diesen Gefühlen zu distanzieren.

Jeden Tag werden wir daran erinnert, wie stark und ausgeprägt unsere Gefühle sind und welche Macht sie haben. Es ist ganz normal, dass wir hin und wieder das Falsche tun und falsche Dinge fühlen. Um das zu vermeiden, gehe einfach ein paar Schritte zurück und beruhige deinen Geist, der von äußeren Kräften angestachelt wird.

Überwinde Aufschieberitis

Prokrastination ist die Kunst, alles, was wir heute tun könnten, auf morgen zu verschieben. Für alle, die unter Angstzuständen leiden, ist sie ein wahrer Fluch. In diesem Kapitel sind einige bewährte Wege aufgelistet, wie man Prokrastination, auch Aufschieberitis genannt, und vielleicht sogar einige der lästigen Angstsymptome überwinden kann!

Tue das, was dir Angst macht!

- **Tauche ein** – Bei dieser Methode tust du einfach etwas, auch wenn es dir Angst macht. Du musst dich direkt in die Sache hineinstürzen und es tun, ohne zu viel darüber nachzudenken. Es mag nicht immer schön sein, aber es funktioniert in 99% der Fälle, um endlich etwas aus der Welt zu schaffen.

- **Gehe darauf zu** – Wenn es nicht klappt, dich zu einer Sache zu zwingen, versuche es mit Täuschung. Anstatt über Aufschieberitis zu schreiben, schreibe doch zum Beispiel erst einmal, wie sehr du das Schreiben hasst. Das klingt zwar kontraproduktiv, ist aber ein toller Trick, um dich in Schwung zu bringen, das zu tun, was getan werden muss.

- **Begrenze die Belastung** – Wenn du etwas tun musst, vor dem du wirklich Angst hast, führe diese Handlung 5 Minuten lang aus und wende dich dann davon ab. Du kannst auch erst mit 60 Sekunden anfangen und dich von dem Punkt aus nach oben arbeiten. Früher oder später wirst du dann keine Angst mehr davor haben.

- **Bitte um Hilfe** – Zwinge dich, um Hilfe zu bitten. Um Hilfe fragen lässt einen nicht gleich schwach dastehen. Menschen mit Angstzuständen verachten es normalerweise, um Hilfe zu bitten, aber es wirkt wahre Wunder und du kannst eine Menge Erkenntnisse gewinnen.

- **Vermeide Ablenkung** – Es wird Zeiten geben, in denen du Ablenkungen einfach übergehen musst, um nicht der Aufschieberitis zu verfallen. Schalte Handy, Computer, Fernseher usw. aus, wenn es sein muss. Erledige so viel wie möglich und so lange wie möglich.

Menschen mit Angstzuständen können Prokrastination erfolgreich besiegen, indem sie dem Unbekannten einen Vertrauensvorschuss geben. Ist das beängstigend? Ja, und wie. Aber ich verspreche dir, dass es sich mehr lohnt, als nur dazustehen und zuzusehen, wie dein Leben an dir vorbeizieht.

Zeitmanagement zur Vermeidung von Aufschieberitis

Die 52/17-Methode

Nach vielen Studien ist tatsächlich bewiesen, dass viele erfolgreich produktive Arbeitnehmer 52 Minuten lang sehr gut arbeiten und dann eine 17 Minuten lange Pause einlegen, um sich auf die nächsten 52 Minuten ununterbrochene Aktivität vorzubereiten. Da diese Regel sehr einfach ist, lässt sie sich sehr gut in den Alltag integrieren, um das Beste aus dem Tag zu machen. Sie eignet sich am besten für Berufe, bei denen man sich mental stark konzentrieren muss und bei denen es auf Details ankommt.

- Arbeite 52 Minuten ohne Unterbrechungen oder Ablenkungen mit 100% motivierter Hingabe.
- Mach eine 17-minütige Pause. Tu nichts, worüber du zu viel nachdenken musst.

Die Pomodoro-Methode

Bei dieser Methode sind gar keine Unterbrechungen möglich, da eine Arbeitszeit von 25 Minuten festgelegt wird. Mit dieser Methode kann man vermeiden, sich durch übermäßig viele Pausen überlastet zu fühlen, wodurch man am Ende produktiver ist.

- Wähle eine Aufgabe, die sofort erledigt werden muss.
- Nimm dir 25 Minuten ununterbrochen Zeit für diese Aufgabe.

- Wenn es Ablenkungen oder Unterbrechungen gibt, schreibst du sie auf und kümmerst dich zu einem späteren Zeitpunkt darum.
- Wenn die 25 Minuten um sind, mache eine 5-minütige Pause.
- Nach 4 mal 25 Minuten Arbeit machst du dann eine längere Pause.

Verwalte Aufgaben auf Papier

Wenn du viel erreichen willst, solltest du dich gründlich vorbereiten. Schreibe dir jeden einzelnen Schritt auf, bevor du mit der Arbeit beginnst, damit du genau weißt, was zu tun ist. Achte auch darauf, die Aufgabe in Teile zu unterteilen. Wenn du jeden Teil detailliert aufschreibst, kann sich dein Gehirn im Voraus darauf vorbereiten, so dass dir keine Prokrastination im Weg steht.

Bereite dich auf jede Aufgabe vor

Jetzt, wo du jeden Teil einer Aufgabe aufgelistet hast, bereite dich detailliert auf jeden Teil vor. Wenn du mit einer Aufgabe beginnst, stelle sicher, dass du alles hast, was du brauchst, damit du nicht aufstehen und abgelenkt werden musst. Wenn du vorbereitet bist, bist du automatisch motiviert, die Aufgabe viel effizienter zu erledigen.

Erledige Aufgaben in kleinen Schritten

Nutze die 80/20-Regel, die besagt, dass 20% einer Aufgabe 80% vom Wert dieser Aufgabe ausmachen. Wenn du einmal in kleinen Schritten mit einer Aufgabe beginnst, wirst du feststellen, dass du immer weiter machst, bis du die Aufgabe erledigt hast.

Unterteile Aufgaben

Du würdest doch auch keine ganze Salami auf einmal essen, oder? Das Gleiche gilt für das Einteilen einer Aufgabe. Größere Aufgaben erledigst du am besten, indem du sie in mundgerechte Stücke unterteilst, so dass du jedes Häppchen nacheinander essen und genießen kannst. Mit jedem Stück kannst du auch richtige Disziplin üben, um deine Aufgabe zu erledigen.

Beginne mit einer 5-Minuten-Aufgabe

Du solltest eine Aufgabe wie einen Block Schweizer Käse behandeln. Klingt absurd, aber lass mich erklären. Wähle eine Aufgabe, für die du 5 Minuten brauchst. Dabei musst du dir zunächst keine Gedanken über die Gesamtheit dieser Aufgabe machen. Wenn du z.B. ein Buch schreibst, teile es in kleine Abschnitte auf, die weniger Zeit in Anspruch nehmen. Schreibe eine Seite oder recherchiere nur ein Kapitel und schreibe danach.

Mache zuerst die Aufgaben, die dir Angst machen

Auch wenn es leichter gesagt als getan ist, gibt dir eine Erledigung von Aufgaben, die dir zuerst Angst machen, das nötige Selbstvertrauen, um alle restlichen Aufgaben zu bewältigen, Das ist weitaus effektiver, als sie für den Schluss aufzuheben.

Erledige unangenehme Aufgaben zuerst

Erledige am besten zuerst die Aufgaben, die du am lästigsten findest. So kannst du dich auf den Rest des Tages freuen, anstatt dich noch ewig über die anderen schrecklichen Sachen zu ärgern, die du noch erledigen musst, obwohl du schon weniger Energie hast.

Schnelle Tipps zur täglichen Beseitigung von Aufschieberitis

Gewohnheiten sind Handlungen, die wir alle jeden Tag tun, ohne uns dessen richtig bewusst zu sein. Auch Aufschieberitis ist eine Gewohnheit, die wir uns mit der Zeit aneignen, denn wir werden nicht mit ihr geboren. Um Prokrastination zu überwinden, ist es wichtig, positive und produktive Gewohnheiten zu entwickeln, mit denen du dich zu deinem besten Selbst entwickelst und das Beste aus den 24 Stunden machst, die uns allen jeden Tag zur Verfügung stehen.

Beweg dich

Eine der besten und einfachsten Gewohnheiten für unseren Alltag ist regelmäßige Abwechslung. Anstatt vor dem Fernseher, Laptop oder Handy Staub zu fangen, steh auf und dehne dich! Jogge auf der Stelle, mache Liegestütze. Bewege dich so lange, bis du spürst, dass sich dein Gemütszustand ändert.

Stelle dir Erinnerungen

Stelle stündliche und/oder tägliche Erinnerungen ein, die dir sagen, wann du an etwas arbeiten solltest. So bekämpfst du im Handumdrehen verschwendete Zeit! Du kannst auch Erinnerungen mit Zitaten einrichten, die du inspirierend und motivierend findest.

Suche Motivationsfreunde

Es ist fantastisch, jemanden zu haben, der dir hilft, deine Ziele zu erreichen, dich motiviert und sicherstellt, dass du genau das tust, was du erreichen musst. Jemanden zu haben, der dich auf Kurs hält, ist ein großartiger Motivator.

Verantwortung

Egal, ob du alleine oder zusammen mit anderen Verantwortung zeigst, es ist eine großartige Möglichkeit, um motiviert zu bleiben. Die sozialen Medien machen es einem recht leicht, gewisse Ziele für die Öffentlichkeit sichtbar zu machen, andere zu inspirieren und dich für das Erreichen deiner Ziele verantwortlich zu machen.

Schaffe jeden Tag etwas

Egal, was du tust, versuche jeden Tag etwas zu schaffen. Schreibe Tagebuch, zeichne oder male, drehe ein Video, lerne eine neue

Fähigkeit. Alles, was dir Spaß macht und deine Kreativität anregt, fördert auch deine Motivation und beugt so der Prokrastination vor.

Stehe früher auf

Viele von uns genießen zwar das extra Stündchen Schönheitsschlaf, aber wenn du jeden Morgen etwas früher aufstehst, hast du nicht nur mehr Zeit, um mehr zu erledigen, es stärkt auch dein Selbstvertrauen, weil du einfach mehr an einem Tag erledigen kannst. Außerdem bist du in den Morgenstunden am wachsten und kannst Aufgaben erledigen, die viel Konzentration erfordern.

Gehe früher ins Bett

Diese Gewohnheit geht Hand in Hand mit dem früheren Aufstehen. Wenn du früher aufstehst, musst du natürlich auch etwas früher ins Bett gehen. Jeder braucht ausreichend Schlaf, um einen messerscharfen Verstand beizubehalten.

Mache nebenbei sauber

Prokrastination scheint eine gute Ausrede zu sein, wenn es ums Saubermachen geht. Nimm dir doch einfach jeden Tag ein paar Minuten Zeit zum Aufräumen oder putze nebenbei. So werden Stapel und Unmengen von Sachen nicht zur Belastung.

Tu es einfach

Wir alle erfinden Ausreden, aber vieles müssen wir im Laufe des Tages einfach erledigen. Also mach es wie Nike: JUST DO IT.

Meide E-Mails

Besonders bei der Arbeit ist eine der schlimmsten Angewohnheiten, ständig seine E-Mails zu checken. Erstelle stattdessen eine Aufgabenliste, die du befolgst und lege eine bestimmte Zeit fest, in der du jeden Tag deine E-Mails checkst.

Schalte soziale Netzwerke aus

Machen wir uns nichts vor. Soziale Medien sind echt ablenkend. Wenn du tagsüber etwas zu erledigen hast, solltest du sie ausschalten und erst nachher wieder reinsehen.

Gönne dir pausen

Setze dir bestimmte Zeitlimits für die Erledigung von Aufgaben. Nach jeder Zeitspanne solltest du dir eine Pause gönnen, einen Timer stellen und dich dann wieder der Aufgabe widmen. Wiederhole das so lange, bis du deine Aufgabe erledigt hast.

Tracke dich selbst

Eine der besten Möglichkeiten, wie man Aufschieberitis besiegen kann, liegt darin, sich selbst zu beobachten und zu sehen, wie viel Zeit du für welche Dinge aufbringst. Dafür gibt es verschiedene Tracking-Apps. (Dazu im letzten Kapitel mehr)

Erstelle eine Playlist

Besiege Aufschieberitis mit Musik. Erstelle eine spezielle Playlist mit Musik, die dir hilft, dich zu motivieren.

Erkenne, dass „perfekt“ nicht real ist

Sobald du die Tatsache akzeptierst, dass nichts im Leben perfekt ist, kannst du Aufgaben mit mehr Selbstvertrauen und auch in einem viel schnelleren Tempo erledigen.

Sei achtsam

Bewusst zu wissen, was du gerade tust, kann dir dabei helfen, Aufschieberitis und Faulheit zu überwinden. Bleib nicht in einem Trott von sinnlosen Aktivitäten stecken. Sei dir deiner Umgebung und der Dinge, die du tust, so oft wie möglich bewusst.

Setze dir tägliche Ziele

Lege zu Beginn des Tages fest, was genau du erledigen möchtest. Ich empfehle, mindestens drei Dinge aufzuschreiben. Unterteile die Aufgaben dann so, wie du es für richtig hältst. So kannst du im Laufe des Tages daran arbeiten, bis alles erledigt ist.

Lege Pausen ein

Es ist wichtig, dass du nicht zu hart mit dir ins Gericht gehst, auch wenn die Aufgabenliste noch so lang erscheint. Wir sind alle nur Menschen, und wenn du negativ über gewisse unerledigte Dinge grübelst, wirst du nicht annähernd so viel schaffen, wie du könntest. Pausen geben uns Zeit, uns zu sammeln und dann wieder der eigentlichen Aufgabe zu widmen.

Unterhaltung

Geh in ein Museum. Sieh dir ein Theaterstück an. Fahre ins Kino. Zur Bewältigung von Aufgaben sind diese Dinge natürlich eher kontraproduktiv, aber um dauerhaft motiviert zu bleiben, ist es wichtig, Kreativität zu tanken.

Arbeite weniger

Wir prokrastinieren, weil unsere Teller voll sind. Lerne, zuerst das zu erledigen, was am dringensten erledigt werden muss. Wenn du dich überwältigt fühlst, kannst du nicht annähernd so gut arbeiten oder funktionieren.

Nimm dir Zeit für „stille Zeit“

In unserer modernen Gesellschaft sind wir immer auf die eine oder andere Weise mit der Welt verbunden. Das kann uns tatsächlich Stress bereiten, auch wenn wir es nicht merken. Nimm dir mindestens 15 Minuten Zeit, um dich zu sammeln und dich von all der Musik, den Geräuschen und dem Gerede der Welt um dich herum zu erholen.

Mache es dir nicht zu bequem

Du bist nicht faul. Faulheit macht dich nicht aus und sie muss kein Teil von dir sein. Du kannst sie besiegen, wenn du es wirklich willst!

Beseitige Negativität mit Mini-Gewohnheiten

Vor ein paar Jahren wurde ich kurz nach Weihnachten nachdenklich. Mir wurde klar, dass es bei mir jede Menge Raum für Verbesserungen gab, aber ich scheiterte immer wieder daran, meine Neujahrsvorsätze einzuhalten. Stattdessen beschloss ich, für das Jahr 2017 einfach mal andere Möglichkeiten auszuprobieren.

Am 28. Dezember beschloss ich, dass ich wieder in Form kommen wollte. Zuvor hatte ich kaum oder gar keinen Sport getrieben und deswegen ständig ein schlechtes Gewissen. Mein Ziel war ein 30-Minuten-Workout – das ist ziemlich realistisch, oder?

Insgesamt war ich sehr unmotiviert, müde und hatte Schuldgefühle, weil ich mich wertlos fühlte. Erst ein paar Tage später stieß ich dann auf einen kleinen Blogartikel, in dem es darum ging, das Gegenteil von dem zu denken, woran man festhält. Das klare Gegenteil meines 30-Minuten-Workouts war es, auf der Couch zu chillen und mich mit Fastfood vollzustopfen, aber mein Gehirn dachte dabei an die „Größe".

Was wäre, wenn ich, anstatt die ganze Zeit dieses Schuldgefühl mit mir herumzutragen, einfach eine Liegestütze mache? Echt mal. Wie *absurd* ist es bitte, zu denken, dass eine einzige Liegestütze mir dabei helfen würde, mein Ziel zu erreichen.

Dennoch habe ich ein magisches Geheimnis gefunden, wie ich mein Potenzial entfalten konnte. Wenn ich mich mit größeren Zielen schwer tat, ging ich ein paar Schritte zurück und begann stattdessen mit einer Liegestütze. Und als ich dann einmal am Boden war, machte ich gleich noch ein paar. Nachdem ich dann ein paar gemacht hatte, fühlten sich meine Muskeln aufgewärmt, sodass ich mich an einem Klimmzug versuchte. Und wie du dir sicher vorstellen kannst, machte ich dann gleich noch ein paar mehr. Und schon bald darauf hatte ich ganze 30 Minuten lang trainiert!

Was sind Mini-Gewohnheiten?

Diese Gewohnheiten sind genau so, wie sie klingen. Du wählst eine Gewohnheit aus, die du ändern willst, und schrumpfst sie auf stupide kleine Aufgaben herunter.

Wenn du zum Beispiel mindestens 1.000 Wörter pro Tag schreiben möchtest:

- Schreibe 50 Wörter am Tag
- Lies zwei Seiten von einem Buch am Tag

Ganz einfach, oder? Ich könnte das in 10 bis 20 Minuten schaffen. Du wirst schnell bemerken, dass du mit diesen täglichen Aufgaben viel schneller fertig sein wirst, als du dir vorstellen kannst.

Was ist wichtiger als deine Gewohnheiten?

Vielleicht fragst du dich, wie du dich in deiner Haut wohler fühlen und in dieser grausamen Welt mit sogenannten Mini-Gewohnheiten du selbst sein kannst. Nun, denke doch einfach mal nach. Was ist wichtiger als das, was du jeden Tag tust? Nichts. Gewohnheiten sind für 45% unseres Verhaltens verantwortlich und bilden die Grundlage dafür, *wer* wir sind und *wie* glücklich wir im Leben sind.

Der Hauptgrund, weshalb Menschen nichts in ihrem Leben ändern, selbst wenn sie *wissen*, dass sich etwas ändern muss, besteht darin, dass sie sich keine neue Gewohnheiten aneignen. Und warum? Ganz einfach, weil sie in der Vergangenheit versucht haben, viel zu viel auf einmal zu tun. Wenn die Einführung einer neuen Gewohnheit mehr Willenskraft erfordert, als man aufbringen kann, hat man damit natürlich auch keinen Erfolg. Aber wenn eine Gewohnheit weniger Willenskraft erfordert, ist die Wahrscheinlichkeit umso größer, dass man erfolgreich sein wird!

Vorteile von Mini-Gewohnheiten

Es hat viele Vorteile, Mini-Gewohnheiten in den Alltag zu integrieren. Darunter:

- Beständiger Erfolg führt zu mehr Erfolg
- Weniger Schuldgefühle
- Stärkere Produktivität
- Bildung von Gewohnheiten mit positiver Auswirkung
- Mehr Motivation

Fazit

Ich möchte dir persönlich dazu gratulieren, dass du es geschafft hast, „*Kognitive Verhaltenstherapie leicht gemacht – Ratgeber und Arbeitsbuch*" komplett durchzuarbeiten.

Zum Abschluss dieses Buches möchte ich dir zunächst ein paar persönliche Hausaufgaben mit auf den Weg geben, damit du mit deiner Reise in ein positiveres, erfüllteres Leben so richtig loslegen kannst.

1. Kehre noch einmal zu TEIL ZWEI zurück und lies es dir noch einmal durch. Ich weiß, ich verlange hier eine Menge! Aber um aufrichtig mit einer Änderung deines Lebens zu beginnen, musst du zunächst deine Probleme wahrheitsgemäß identifizieren können.

    a. Öffne ein Word-Dokument oder schreibe auf ein Blatt Papier – was auch immer am besten für dich ist. Beantworte ganz ehrlich folgende Fragen:

        - Was hast du Neues in Kapitel 4: Die Grundlagen von Angst und Depression, gelernt? Glaubst du, dass diese Symptome auch bei dir auftreten? Wenn ja, schreibe sie auf.

        - Was für Gedanken kommen dir im Laufe eines durchschnittlichen Tages in den Sinn? Das können sowohl negative als auch positive Gedanken sein.

- Was glaubst du, was dich dazu bringt, diese Gedanken automatisch zu denken? Wie reagierst du normalerweise auf sie?

2. Jetzt, wo du wahrscheinlich sehr persönliche Gegenargumente zu deinen Gedanken und Handlungen aufgeschrieben hast, nimm dir nochmal ein wenig Zeit, um TEIL DREI noch einmal zu lesen.

   a. Verwende hier ein neues Blatt Papier oder öffne ein neues Word-Dokument, um deine Antworten aufzuschreiben:

      - Was hast du in jedem Kapitel gelernt? Welche neuen Ideen heben sich von den Ratschlägen ab, die du bisher erhalten oder gelesen hast?

      - Schreibe detailliert auf, welche pessimistischen Gedanken in dein Leben eindringen. Wann tauchen sie auf? Warum glaubst du, dass sie auftauchen?

      - Nach welchen Grundüberzeugungen lebst du? Wie lange sind es schon deine Überzeugungen? Sind es *wirklich* deine?

      - Welche Wege zu positiver Achtsamkeit haben dir Spaß gemacht und von welchen glaubst du, dass du sie in deinem Leben tatsächlich umsetzen kannst?

Ich möchte dir auf die Schulter klopfen, dass du dieses Buch erfolgreich durchgelesen und die oben genannten Hausaufgaben erledigt hast! Die Tatsache, dass du motiviert bist, dein Leben und deine Denkweise zum Besseren zu verändern, sagt viel über deinen Charakter aus! Das wird in den kommenden Monaten einen großen Unterschied machen, wenn du gegen die Negativität ankämpfst und dich für Positives und Veränderung entscheidest.

Sein Leben zum Besseren zu verändern ist nicht leicht. Deshalb möchte ich dich daran erinnern, sanft mit dir selbst umzugehen, wenn du dich an eine positivere Einstellung heranwagst und dein Leben komplett veränderst.

Was nun? Der nächste Schritt besteht darin, das massive Wissen, das du beim Lesen dieses Buches erworben hast, in deinem Alltag in die Tat umzusetzen. Bei jeder Veränderung, egal wie groß oder klein, ist es immer am besten, mit kleinen Schritten zu beginnen. Das verhilft dir schneller zu Erfolg, da du die Dunkelheit hinter dir lässt und dir eine viel leichtere Denkweise zu eigen machst.

- Anstatt dich automatisch von großen Projekte auf der Arbeit oder zu Hause überwältigen zu lassen, solltest du sie anders angehen. Zerlege sie in mundgerechte Häppchen und erledige eine Aufgabe nach der anderen. So wirst du das Projekt mit einer durchgehend positiven Einstellung erfüllen.

- Kriselt es in deiner Beziehung? Sprich nicht schlecht über deinen Partner, ein Familienmitglied oder deine Freunde. Das richtet nur noch mehr Schaden an. Stattdessen solltest du die Probleme, die du mit einer Person hast, direkt angehen. Sprich persönlich mit ihnen und eliminiere jegliche schlechten Gefühle und Handlungen. Das wird sich definitiv so anfühlen, als wäre ein Felsbrocken von deinen Schultern gefallen.

- Geht es dir finanziell nicht sehr gut? Was für kleine Schritte kannst du unternehmen, um wieder über Wasser zu schwimmen?

Wie du bereits erfahren hast, besteht die kognitive Verhaltenstherapie aus kleinen, aber wichtigen Bausteinen, die dir dabei helfen, deine gesamte Lebenseinstellung zu ändern. Wenn du es richtig machst, wirst du feststellen, dass dein Leben letztendlich besser wird und eigentlich gar nicht so ist, wie du es dir immer vorgestellt hast.

Das ist eine lange Schlussfolgerung, aber ich wollte dir noch ein paar Gedanken mit auf den Weg geben, bevor du dieses Wissen beiseite legst und nie richtig anwendest! Es ist wichtig, dass du dich um dich selbst kümmerst, sowohl körperlich als auch geistig, denn beides geht Hand in Hand und bestimmt, was für ein Leben du führst.

Ich hoffe, dieses Buch war nicht nur informativ, sondern hat dir auch Spaß gemacht und dir das nötige Rüstzeug gegeben, um deine Ziele zu erreichen und ein glücklicheres, erfüllteres Leben zu führen!

Wenn du dieses Buch hilfreich findest, würde ich mich natürlich sehr über eine Rezension auf Amazon freuen!

Printed in Poland
by Amazon Fulfillment
Poland Sp. z o.o., Wrocław

11586906R00069